KB057256

덴마크

DENMARK

마크 살몬 지음 · 허보미 옮김

세계 문화
여행

덴마크

DENMARK

시그마북스
Sigma Books

세계 문화 여행 _ 덴마크

발행일 2020년 2월 10일 초판 1쇄 발행
지은이 마크 살몬
옮긴이 허보미
발행인 강학경
발행처 시그마북스
마케팅 정제용
에디터 신영선, 장민정, 최윤정
디자인 최희민, 김문배

등록번호 제10-965호
주소 서울특별시 영등포구 양평로 22길 21 선유도코오롱디지털타워 A402호
전자우편 sigmabooks@spress.co.kr
홈페이지 http://www.sigmabooks.co.kr
전화 (02) 2062-5288~9
팩시밀리 (02) 323-4197
ISBN 979-11-90257-22-0 (04900)
978-89-8445-911-3 (세트)

이 도서의 국립중앙도서관 출판예정도서목록(CIP)은 서지정보유통지원시스템 홈페이지(http://seoji.nl.go.kr)와 국가자료공동목록시스템(http://www.nl.go.kr/kolisnet)에서 이용하실 수 있습니다.
(CIP제어번호: CIP 2020001383)

* 시그마북스는 (주)시그마프레스의 자매회사로 일반 단행본 전문 출판사입니다.

덴마크에 대해 물어보면 대부분의 사람들은 뿔 달린 투구를 쓴 채 유럽 전역을 약탈하고 침략하는 바이킹족을 떠올릴 것이다. 또는 덴마크의 유명한 수출품인 칼스버그 맥주나 한스 크리스티안 안데르센의 동화가 생각날 수 있다. 하지만 덴마크인은 오히려 자국의 전형적인 특징에 대해 잘 모르는 경우가 많다. 성욕이 왕성하다, 진보적이다, 독특한 억양을 가지고 있다 등 스웨덴 사람들에 대해 가지고 있는 문화적 고정관념이 있지만, 이 중 덴마크인에게 해당되는 내용은 거의 없다. 덴마크나 덴마크 사람들에 대해 우리가 생각하는 이미지는 대부분 스웨덴 문화에 기반을 둔 것이다. 덴마크 사람들은 마치 결혼식 사진 속 많은 하객들 뒤에 혼자 동떨어져 있는 어린 소년처럼 스칸디나비아의 전형적인 문화에서 벗어나 있다.

이 책의 목적 중 하나는 덴마크에 대한 인식을 바로잡는 것이다. 스웨덴이 더 잘 알려져 있을지는 몰라도, 외레순 해협 반대편에 위치하는 이웃 나라 스웨덴과 덴마크는 전혀 다른 문화와 특징을 가지고 있다는 것을 덴마크를 찾는 사람들에게 알려주고 싶다. 이 책은 사람들에 대한 책이다. 이를 통해 덴마크인이 진짜 어떤 사람들인지, 그들의 행동에는 어떤 이유가 있는지에 대한 통찰력을 제공할 수 있기를 바란다. 또한 덴마크의 역사와 지형에 대해 소개하고, 덴마크만의 고유한 특징을 형성하는 데 역사와 지형이 어떠한 역할을 해왔는지 보여주고자 한다.

이 책을 통해 덴마크인의 일상생활 이면에 숨어 있는 생활방식에 대해 알아볼 수 있을 것이다. 덴마크 사람들의 사고방식인 얀테의 법칙과 현대 덴마크 사회에 미치는 얀테의 중요성에 대해서도 소개한다. 덴마크인의 가정생활과 집에 관한 내부인의 시각 또한 엿볼 수 있다. 덴마크인의 태도나 가치관에 대한 약간의 지식만 있어도 덴마크 사람들과의 미팅이나 비즈니스가 훨씬 수월해질 수 있다. 덴마크에서는 비즈니스가 어떤 식으로 진행되는지, 다양한 상황에서 어떻게 행동해야 하는지, 그리고 미리 알아두어야 할 점은 무엇인지에 대한 현실적인 팁을 얻을 수 있을 것이다.

유능하고 부지런함이 특징인 덴마크인들은 유럽과 전 세계 문화에 크게 이바지해왔다. 특히 많은 이에게 선망의 대상이 되고 모범이 된 사회복지 모델을 구축했고, 이에 합당한 자부심을 가지고 있다. 이 책의 가이드를 통해 외국인 관광객으로서 마주치게 될 크고 작은 사회적 그리고 문화적 문제들을 피해 갈 수 있기를, 그리하여 덴마크 사람들을 보다 깊이 알고 이해하게 되기를 바란다. 덴마크인과 친해지는 것이 어려울 수는 있지만 그들은 친절하고 공정하고 교양 있으며, 알아갈 만한 가치가 있는 사람들이다.

기본 정보

공식 명칭	덴마크 왕국	덴마크어 : 콩에리에트 단마르크
수도	코펜하겐	
주요 타운	코펜하겐, 오덴세, 오르후스, 올보르, 에스비에르	
면적	4만 3,075㎢	경지 54.02%, 연속 경작지 0.19%, 기타 45.79%
기후	대체로 온화하며, 습하고 구름이 많다. 겨울에는 바람이 많이 불고 여름에는 시원하다.	
통화	덴마크 크로네 (2018년 기준 1달러 = 6.62크로네, 1파운드 = 8.59크로네)	덴마크는 유로존에 가입하지 않았지만 유로 고정환율제를 운영하고 있다.
인구	579만 명	평균 수명은 81.2세
민족 구성	스칸디나비안계 86.7%	이 외에 이누이트족, 페로인, 독일·터키·이란 출신, 소말리족이 있다.
가족 구성	한 가족당 평균 자녀수는 1.73명	
언어	덴마크어(학교에서는 지난 50년간 영어를 사용)	독일어와 프랑스어를 제3외국어로 배운다.
종교	덴마크 교회(국민교회)	루터복음교 76%, 이슬람교 4%, 기타 20%
정부	입헌군주제, 의회 민주주의, 왕실은 정치에 참여하지 않는다. 덴마크 의회는 단원제로 운영된다(그린란드 2석, 페로 제도 2석 포함 총 179석). 국회의원은 4년 임기의 비례대표제로 선출된다.	
언론 매체	공영방송 DR은 6개의 TV 채널과 라디오 방송을 운영하며, 이 밖에도 다양한 방송국과 케이블 채널이 있다.	대표적인 대형 전국지로 〈엑스트라 블라뎃〉, 〈BT〉, 〈베를링스케 티덴〉, 〈유틀란트 포스트〉, 〈메트로 익스프레스〉, 〈인포메이션〉이 있다.
영어 매체	많은 영어권 TV 프로그램이 자막과 함께 방영된다.	DR 라디오국은 매일 아침 8시에 영어로 뉴스 단신을 방송한다. 영자신문으로는 〈코펜하겐 포스트〉가 있다.
전압	220V, 50Hz	2핀 플러그를 사용한다. 미국식 장치에는 어댑터를 사용해야 한다.
TV/비디오/DVD	PAL 시스템	미국식 시스템과는 호환되지 않는다.
인터넷 도메인	.dk	
전화	국가번호 45	지방이나 휴대전화 번호에 따로 지역번호는 없다.
시간	중앙유럽 표준시 (GMT/UTC +1)	서머타임 적용은 3월~10월

01

영토와 국민

남쪽 국경을 제외하면 바다로 둘러싸여 있는 거의 섬에 가까운 나라다. 북쪽으로는 스칸디나
비아 반도, 남쪽으로는 유럽 대륙을 잇는 다리 역할을 하는 덴마크는 이러한 지리적 조건으
로 인해 유럽 대륙과 스칸디나비아의 가치와 이상이 혼합된 고유의 독특한 문화를 형성하게
되었다. 인구 대부분은 해안가 근처에 거주하며, 뚜렷한 해양 전통을 유지하고 있다.

지형

독일과 맞닿아 있는 남쪽 국경을 제외하면 덴마크는 바다로 둘러싸여 있는, 거의 섬에 가까운 나라다. 북위 56°, 동경 11° 정도에 위치하며 북쪽으로는 스칸디나비아 반도, 남쪽으로는 유럽 대륙을 잇는 다리 역할을 하는데, 이러한 지리적 조건으로 인해 유럽 대륙과 스칸디나비아의 가치와 이상이 혼합된 덴마크 고유의 독특한 문화를 형성하게 되었다.

영토의 크기는 4만 3,075km²로 미국 매사추세츠 주의 대략 두 배 정도 크기다. 유틀란트 반도가 덴마크 영토의 약 3분의 2를 차지하고, 나머지는 500여 개의 크고 작은 다양한 섬으로 구성되어 있다. 이 중 가장 큰 섬은 질란드(덴마크어로는 쎌란) 섬으로, 덴마크의 수도 코펜하겐이 위치해 있다. 두 번째로 큰 섬인 퓌넨(핀)은 유틀란트와 질란드 사이에 위치하고 있으며, 덴마크에서 세 번째로 큰 도시인 오덴세가 이 섬에 있다. 그레이트벨트(또는 '스토레벨트'로 불림) 해협의 수역이 질란드와 퓌넨 섬을 나누는데, 이 두 섬 사이 수로를 연결하는 스토레벨트 대교가 1997년에 개통되었다. 스토레벨트 대교는 아시아를 제외하면 가장 길고, 잠시 동안 세계에서 가장 긴 현수교로 자리매김하기도 했다.

　퓌넨 섬과 유틀란트 반도는 리틀벨트(릴레벨트) 해협으로 나뉘는데, 이 두 지역은 1930년대에 처음 다리로 연결되었다. 한편 현대식 대교는 1965~1970년 사이에 완공되었다. 바위섬인 보른홀름은 덴마크와 스웨덴 사이 동쪽에 위치해 있으며, 현지인들이 즐겨 찾는 여름 휴양지다. 독자적인 자치권을 가지고 있는 북대서양 지역의 그린란드와 페로 제도 또한 덴마크령이다.

　덴마크의 지형은 대부분 평지에 완만한 구릉지를 이루고 있으며, 가장 높은 지점은 아이어 바운호이로 약 173m의 고도를 가지고 있다. 토양은 스칸디나비아와 발트 해 지역의 빙하 퇴적물인 빙퇴석으로 구성되어 있다. 유틀란트 북부와 서부 지

역의 토양은 사지沙地인 데 반해 유틀란트 동쪽 지역과 섬들은 비옥한 토양을 가지고 있다. 보른홀름 섬은 예외적으로 얇은 빙퇴석 층으로 뒤덮인 화강암 지대다.

덴마크 사람들은 대부분 해안가 근처에 거주하며, 뚜렷한 해양 전통을 유지하고 있다. 덴마크에는 강이 많은데, 가장 큰 강은 구데나 강으로 유틀란트의 실케보르 레이크 지역의 일부다. 약 158km의 길이를 자랑하며 보트, 낚시, 카약 등 현지인들의 여가활동 지역으로 유명하다. 덴마크 최대 호수는 질란드 섬의 아레쇠 호수다. 7,314km에 달하는 해안가를 따라 모래사장이 즐비하고, 서쪽 해안은 특히 독일 관광객에게 인기가 많다. 덴마크 정부는 덴마크 관광을 환영하고는 있지만 밀려들어오는 관광객으로 인해 외국인의 별장 구입(덴마크는 별장 구입 시 재산세가 면제된다)을 금지하는 법을 통과시켰다. 외국인의 부동산 수요 증가에 따라 덴마크 국민이 감당하기 어려운 수준으로 주택 가격이 상승하는 상황을 우려했기 때문이다.

덴마크 자연환경의 상당 부분이 19세기에 무리하게 개발되었고, 오직 2%의 하천만이 원래의 모습을 보전하고 있는 상태다. 대부분의 삼림지대 나무는 목재업, 삼림 재생산 또는 보존을 목적으로 오늘날 다시 심어진 것이다. 또한 과도한 경작으로 많은 동물들이 사라졌고, 덴마크 사람들은 이러한 자연환경 착취와 멸종의 현장을 보며 환경 문제에 대한 경각심을 갖게 되었다. 현재는 1990년 도입된 자연관리법의 일환으로 국가 전역에서 자연환경 복원 사업이 진행되고 있다. 덴마크는 비핵지대로 원자력 대신 대체 에너지원을 탐색하고 있는데, 대부분 풍력발전에 주력한다. 덴마크 기업들은 이산화탄소 배출량에 따라 세금을 내야 할 뿐만 아니라 유럽 환경청도 코펜하겐에 위치해 있다. 모든 쓰레기의 약 70%가 재활용될 정도로 재활용이 보편화되어 있으며, 공공장소에 쓰레기를 버리는 일은 찾아보기 힘들다.

인구는 대략 580만 명 정도이고, 그중 70%가량이 도시 지

코펜하겐의 평균 강수량과 기온		
월	강수량	기온
1	49mm	1℃
2	39mm	0℃
3	32mm	2℃
4	38mm	7℃
5	42mm	12℃
6	47mm	16℃
7	71mm	18℃
8	66mm	17℃
9	62mm	14℃
10	59mm	9℃
11	48mm	5℃
12	49mm	3℃

역에 거주한다. 약 200만 명이 코펜하겐, 오르후스, 오덴세, 올보르 같은 주요 도시에 살고 있다. 덴마크 인구의 다수(약 86.9%)가 스칸디나비안 민족이고, 이외 이누이트족, 독일·터키·이란 출신, 소말리족으로 이루어져 있다. 따라서 외국 문화가 미치는 영향은 매우 미미하다고 볼 수 있다. 집필 당시를 기점으로, 15세 이상 인구가 81.9%를 차지하고 있고, 인구 1,000명당 출생률은 10.6명이다. 이러한 인구 통계 경향이 지속된다면, 미래에는 노년층을 부양할 젊은 세대 인구가 줄어 덴마크의 사회복지 시스템에 큰 부담이 될 것으로 예상된다.

기후

공식적으로 덴마크의 기후는 온화하다고 알려져 있지만 북부 지역을 생각해보면 온화하다는 말이 어울리지 않을 수 있다. 하지만 따뜻한 멕시코 만류 해수의 영향을 받기는 한다. 가장 추운 시기는 1~2월로 이때의 기온은 0℃ 정도다. 겨울에는 한랭다습한 바람이 체감온도를 더욱 떨어뜨리기 때문에 대부분의 사람들이 실내에서 활동한다. 비는 특히 7~8월에 자주 내리지만 1년 내내 고르게 내리는 편이다.

덴마크의 여름은 해가 길다. 낮이 가장 긴 시기는 6월 말 즈음으로 17시간까지도 해가 지지 않는다. 하지만 겨울에는 일조시간이 8시간으로까지 떨어지기 때문에 덴마크인들은 긴 겨울 시간을 최대한 안락하게 보내는 데 많은 노력을 기울인다.

역사 개관

선사시대부터 사람들이 덴마크에 터를 잡았다. 농경은 기원전 3000년부터 시작되었고, 청동기시대(기원전 약 1700~500년)부터는 무덤에 시신과 소지품을 안치했다. 이 시기의 석총에서는 정교한 청동 공예품이 발견되기도 했다. 이후 철기시대(기원전 약 500~서기 1년) 사람들은 기후 변화로 인해 스칸디나비아에서 독일 쪽으로 남하했고, 켈트족이 덴마크로 이주한 흔적도 있다. 로마와 교역했고, 이후 농지가 고갈되면서 갈리아 지역 로마 속주들과 갈등을 빚기도 했다.

오늘날 덴마크인의 조상은 5~7세기경 게르만의 대규모 이주 당시에 정착한 부족들이다. '데인인'이라고 알려진 이 부족은 500년경 스웨덴의 남부 지방에 도착해 유틀란트 반도, 스웨덴 남부, 그리고 (11세기에 잠시 동안) 잉글랜드 동부를 기반으로 한 강대국을 형성해 다른 유럽 국가들을 습격하고, 이들과 교역했다.

【 바이킹시대(약 750~1035년) 】

주로 데인인과 노르웨이인으로 이루어졌던 스칸디나비안계 침략자들은 서기 750~1035년 영국 제도와 프랑크 왕국을 공포에 질리도록 만들었다. 이들은 프랑크족에게는 노르만족, 켈트족에게는 '낯선 사람'이라는 뜻의 골족, 슬라브족에게는 러시아의 어원인 루시족으로 불렸다. 루시는 뱃사공 또는 보트맨

(노를 가지고 보트를 젓는 사람)을 뜻하는 핀란드어 루오치(현재의 '스웨덴'을 뜻하는 '스베아'를 가리키는 명칭)에서 유래한 것이다. 잉글랜드인만이 흔히 그들을 바이킹족이라고 불렀다. 이 단어의 정확한 어원은 확실치 않지만 여행자 혹은 탐험가라는 설이 있다. 고대 노르어의 표현 중 '바이킹 가다(to go a-viking)'가 '탐험하다(explore)'를 의미했다고 한다. 고대 노르어로 'vik'는 만(bay)을 뜻했고, '바이킹'은 배를 만에 정박해두는 사람을 나타냈다. 해적이나 침략자를 뜻하는 단어 'vikingr'에서 파생된 것이라는 주장도 있다.

바이킹 침략이 처음 언급된 기록은 793년 영국의 노섬브리아 해변에 있는 린디스판의 수도원 약탈 및 방화 사건이다. 하

지만 덴마크의 많은 지역이 750년경에 이르러 이미 체계적인 국가 형태를 띠고 있었다는 증거도 있다. 이 시기에 다네비르케 성벽이 건축된 것이 이 주장을 뒷받침하는 한 예다. 다네비르케 성벽은 나무와 흙으로 구축한 헤데뷔 지역의 방어벽으로, 현재 덴마크와 독일 국경 근처에 위치해 있다.

바이킹은 스칸디나비아 전역을 거점으로 활동했지만 무리별로 각기 다른 해외 영향권을 가지고 있었다. 이중 데인인들은 잉글랜드 북동 지역을 장악했고 서유럽의 해안을 따라 기세를 확장했다. 9세기 말 데인인이 정복하고 통치한 잉글랜드 지역은 '데인로Danelaw'라고 불렸다. 현재 덴마크 사회에서는 침략을 일삼던 과거와 같은 폭력적인 양상은 찾아볼 수 없다. 하지만 덴마크인들은 바이킹 조상의 문화유산에 대한 자부심을 가지고 있고, 현대의 덴마크 장신구에도 바이킹 문화의 영향이 뚜렷하게 남아 있다. 여행과 탐험을 좋아하고 바다를 사랑하는 모습도 여전하다. 세계 최대의 운송회사 머스크 또한 덴마크 기업으로, 민간 부문에서 가장 많은 고용을 하고 있다.

덴마크의 역사에서 한 명의 지도자가 국가를 다스리기 시작한 시점은 900년대 중반, 침략자 노르웨이 족장 하르타크누트의 아들인 고름 왕의 통치부터라고 할 수 있다. 유럽에서 가장 오래된 역사를 자랑하는 덴마크 왕실은 하르타크누트 혈통을 계승했다. 고름 왕의 아들인 하랄드 블루투스(현재 사용하는 '블루투스'가 이 왕의 이름에서 유래되었다)는 덴마크를 통일하고 크리스트교로 국교 개종을 시작했다. 하랄드의 아들 스벤 포크발드를 비롯해 손자 하랄드 2세와 크누드 2세는 세력을 확장해 잉글랜드까지 통치했고, 독실한 크리스천이었던 크누드 2세가 개종을 마무리했다. 크누드 2세는 데인인과 앵글로색슨족 모두에게 잉글랜드의 왕으로 칭송받았다. 1042년, 그의 아들 크누드 3세가 사망하면서 덴마크의 바이킹 시대와 바이킹의 잉글랜드 통치는 막을 내렸다.

【 중세시대 】

덴마크의 중세시대는 폭력과 내전으로 얼룩지면서 권력의 공백 상태를 만들었고, 이로 인해 경쟁하던 귀족들 사이에 치열한 왕좌 싸움이 벌어졌다. 그중 유명한 사건이 1086년 최초로 인세人稅를 도입한 크누드 4세 암살 사건이다. 크누드 4세는 인세를 반대하던 농부들에 의해 유틀란트에서 쫓겨났고, 반대파들은 그를 퓌넨 섬 오덴세에 있는 한 교회로 몰아 칼로 찔러 무참히 살해했다. 1131년 슐레스비히의 공작이자 당시로는 연로했던 닐스 왕(1104~1134년)의 조카로 잘 알려진 크누드 라바드 암살 사건이 내전을 촉발했고, 왕위 계승자였던 망누스 1세와 닐스 왕, 5명의 주교가 사망하게 된다. 크누드 라바드의 아들 발데마르 1세가 1157년에 즉위하면서 내전은 종료되었다. 덴마크의 상징으로 남아 있는 현재의 문장(노란 들판 위에 세 마리의 푸른 사자가 있고, 작고 붉은 하트 형태로 채워져 있다)은 이 시기부터 사용되기 시작했다.

발데마르 대왕은 유혈사태로 지칠 대로 지친 국가를 통일했다. 덴마크의 역사가 삭소 그라마티쿠스는 발데마르의 재임기간 중에 데인인의 첫 역사적 기록을 라틴어로 남겼다. 이후 셰익스피어가 이 역사 기록 중 일부를 그의 비극 〈햄릿〉의 토대로 사용하기도 했다. 덴마크의 진보적인 전통이 바로 이 시기부터 시작되었다고 할 수 있다. 발데마르 대왕의 아들 발데마르 2세가 1241년 최초의 성문법인 유틀란트법을 제정했고, 그의 후대에서는 정당한 사유 없이 구금하는 것을 불법화하는 법과 최초의 대법원 제도를 도입했다. 또한 오래된 법정을 귀족과 고위

성직자들로만 구성된 보다 새롭고 막강한 형태의 덴마크 의회
로 대체했다.

　발데마르 1세가 하운 마을에 성을 세웠는데 이것이 코펜하
겐 도시의 시초가 된다. 발데마르 1세와 압살론 주교는 덴마크
를 발트 해의 강국으로 성장시켰고 한자동맹, 홀슈타인 백작
그리고 게르만 기사수도회와 무역 영역 및 영향력을 두고 경
쟁했다.

【 1397년 칼마르 연합 】

덴마크와 노르웨이 왕가 사이의 유대관계는 1363년 덴마크의
왕 발데마르 4세의 딸 마르그레테가 노르웨이의 호콘 6세와
혼인하면서 형성되었다. 마르그레테의 미성년인 아들 올라프
(당시 5세)가 1375년 발데마르 4세 서거 후 덴마크 왕위를, 그리
고 1380년 아버지 호콘 6세 서거 후 노르웨이 왕위를 물려받
는다. 1387년 17세의 나이로 올라프가 사망한 뒤 마르그레테
1세는 덴마크 및 노르웨이의 여왕이 된다.

　1388년에는 독일 태생의 스웨덴 왕 알베르트에게 불만을
품은 스웨덴 귀족들이 마르그레테 1세에게 도움을 요청했고,
여왕은 스웨덴에 덴마크 군대를 보내 스웨덴의 군주로 여왕

을 받아들일 것을 요구했다. 1397년 마침내 여왕은 덴마크, 스웨덴, 노르웨이 세 왕국으로 구성된 칼마르 연합 결성을 헌법적으로 공식화했다. 마르그레테 여왕의 종손이었던 포메라니아의 에리크 7세가 스칸디나비아의 왕위에 올랐지만 사실상 여왕이 섭정했다. 칼마르 연합 체제하에 여왕은 귀족들의 정치적 영향력이나 특권 유지에 동의했고, 각 국가는 어느 정도의 자치권을 보장받았다. 연합의 주목적은 발트 해 무역에서 갈수록 성장하는 한자동맹의 기세를 꺾는 것이었다. 하지만 칼마르 연합은 약화되었고, 1523년 스웨덴에서 왕이 선출되면서 연합은 해체되었다. 노르웨이는 1814년 스웨덴이 장악하기 전까지 덴마크의 통치하에 남아 있었다.

1412년 마르그레테 여왕이 서거한 후 에리크 7세가 덴마크 왕위를 이어받았다. 에리크 7세는 스웨덴과 덴마크 사이의 해협이자 발트 해로 통하는 관문이었던 외레순 해협에 권력을 집중시킨 왕으로 유명하다. 이를 위해 에리크 7세는 마르그레테 여왕이 1375년 로스킬레 주교에게 하사한 코펜하겐을 다시 되찾아 그곳으로 수도를 옮겼다(1417년). 그는 해협의 폭이 5km도 채 되지 않았던 코펜하겐 북부에 헬싱괴르 성을 짓고 대포를 설치했다. 그리고 맞은편 해안에 위치한 헬싱보리 성을 보강했다. 또한 당시 막강한 세력으로 덴마크 경제까지 좌지우지했던 한자동맹이 누리던 특권들을 제한했다. 해협을 지나는 모든 선박에 은화 통행료를 도입하면서 덴마크와 한자동맹 사이의 전쟁이 촉발되었고, 궁극적으로 한자동맹이 패하게 된다. 16세기 외레순 해협을 지나는 해상 교통량이 증가하면서 세금을 부과할 수 있었고, 덴마크는 번영했다.

에리크 7세는 스웨덴에서 일어난 봉기 이후 1438년 덴마크와 스웨덴의 국무원에 의해 왕좌에서 쫓겨났고, 덴마크에서는 크리스토퍼 3세를 명목상의 왕으로 삼아 사실상의 귀족정이 시작되었다. 이 시기 동안 한자동맹의 회원들은 과거의 특혜를 다시 누릴 수 있었다. 크리스토퍼 3세의 뒤를 이어 1448년 크리스티안 1세가 즉위했다. 크리스티안 1세는 낭비벽으로도 유명했지만 코끼리 훈장 기사작위를 도입하고 1479년에 코펜하겐대학교를 설립한 것으로 알려져 있다. 1481년 그가 서거한 후 아들 한스가 왕위를 계승했다. 한스는 10년 안에 아버지의

빚을 모두 청산했고, 당시에는 새로운 시도였던 덴마크 해군을 창설했다. 한자동맹의 무역 독점에 성공적으로 저항했고, 마침내 덴마크 해협의 문을 모두에게 개방했다(1511년).

1513년 한스의 뒤를 이은 크리스티안 2세는 웁살라 대주교를 수감하고 80명의 스웨덴 귀족을 학살한 '스톡홀름 대학살' 사건으로 유명하다. 이를 통해 귀족과 한자동맹 모두의 지배권 약화를 계획했던 것이다. 결과적으로 이는 구스타브 바사(이후 스웨덴 왕 구스타브 1세가 된다)가 이끄는 스웨덴의 독립운동을 촉발했다. 덴마크 귀족들은 크리스티안 2세에 대한 충성을 포기했고, 슐레스비히-홀슈타인 공작이자 크리스티안 1세의 아들(한스의 남동생)인 프레데리크에게 왕위를 제안했다. 1523년 크리스티안 2세는 덴마크에서 추방되었다. 그는 노르웨이 왕위만은 지키고자 애썼지만 체포되어 감금생활을 했고 1559년 생을 마감했다.

【 종교개혁 】

프레데리크 1세(1523~1533년)는 덴마크 주교들의 세력을 약화시키기 위해 루터교 전도사들을 덴마크로 초청했다. 이들 중에는 한때 수도승이었던 한스 타우젠도 포함되어 있었는데, 그는 왕의 보호 아래 비보르와 코펜하겐에서 효과적으로 선교활동을 했다. 1533년 프레데리크가 서거한 후 주교와 귀족 대부분이 처음에는 루터교를 장려할 것을 우려해 프레데리크의 장자 크리스티안을 후계자로 선출하는 것에 반대했다(크리스티안은 1521년 보름스에서 루터의 설교를 직접 듣고 독실한 루터교 신자가 되었다. 그의 아버지는 그에게 슐레스비히 북부 지역을 다스리게 했고, 1520년대 후반 무렵 그곳에서 교회개혁을 감행했다). 귀족들은 선거를 연기했고, 그렇게 함으로써 덴마크를 사실상의 귀족공화정 체제로 바꾸었다. 하지만 시민들과 소작농들은 폐위된 크리스티안 2세의 복위를 원했고, 선거 연기는 결국 농민들의 봉기로 이어졌다.

한자 도시 중 하나인 뤼베크의 상인 과두정치는 막 전복된 상황이었고, 뤼베크 시장은 경쟁하던 네덜란드 선박들의 발트해 진입을 막지 못한 덴마크의 귀족 의회 타도를 돕겠다고 제안했다. 독일의 용병군이 모집되었고, 올덴부르크 왕가의 크리스토퍼 백작이 덴마크에 침입했다. 새로운 내전이 시작된 것이다. 이 봉기로 겁에 질린 덴마크 귀족 의회와 주교들은 태도를 전향해 프레데리크 1세의 장자 크리스티안을 크리스티안 3세(1534~1559년)로 왕위에 올렸다. 크리스티안과 그의 충신 요한 란차우 장군은 마침내 농민군을 진압했다(1536년). '국민의 아버지'라고 불렸던 크리스티안 3세는 왕위를 확고히 하는 작업에 착수했다. 이를 위해 코펜하겐의 상인과 시민들의 지지를 얻고자 그들에게 관대한 태도를 취했다. 또한 로마 가톨릭교회의 주교들을 체포하고 교회의 재산을 몰수했다. 덴마크의 유일한 교회로서 국왕의 직할하에 공식적인 루터교회가 설립되었다. 이러한 교회와 정권의 관계는 오늘날까지도 이어져 덴마크 정부는 산하에 교회부를 두고 있다.

프레데리크 2세(1559~1588년)는 천문학자 티코 브라헤와 함께 벤 섬에 세계 최초의 현대식 천문대 우라니보르그를 설립했다. 그의 아들 크리스티안 4세(1588~1648년)는 번영의 시기에 왕위를 물려받았다. 그는 새로운 르네상스 양식의 도시 건축으로 많은 업적을 남겼는데, 현재는 코펜하겐의 일부인 크리스티안스하븐, 노르웨이의 오슬로, 홀슈타인의 글뤽스타트 등이 있다. 건축물로는 질란드 북부의 프레데릭스보르 성과 코펜하겐의 로센보르 궁전이 있다. 불행히도 크리스티안 4세는 '30년 전쟁'에 덴마크 참전에 대한 책임으로부터 벗어날 수 없었는데, 이 전쟁으로 덴마크는 막대한 경제적 및 환경적 자원과 대량의 영토를 잃게 된다. 1645년 체결된 조약으로 고틀란드 섬과 노르웨이의 두 주가 스웨덴으로 넘어갔다. 이후 1648년 체결된 조약으로 포메라니아의 서부 절반과 브레멘, 페르덴의 주교 관할권을 빼앗겼다.

【 절대왕정 】

크리스티안의 뒤를 이은 프레데리크 3세(1648~1670년)는 스웨덴과의 전쟁에 다시 참여했고, 1658년 체결된 로스킬레 조약으로 3분의 1 이상의 영토를 잃었다. 여기에는 보른홀름 섬과 (이후 덴마크의 봉기로 되찾았다) 부유했던 스코네 주 그리고 스웨덴 지역에 소유하고 있던 영토가 포함되었다.

전쟁으로 덴마크는 막대한 영토 상실에 더해 엄청난 부채를 떠안게 된다. 프레데리크 3세는 이 문제를 해결하기 위해 귀족·시민·성직자 집회를 소집했고, 전쟁기간 중 면제되었던 세금에 대해 논의했다. 귀족들이 계속해서 면세를 원하면서 충돌했고, 국왕뿐만 아니라 성직자와 시민들은 코펜하겐을 포위하며 그들을 압박했다. 결국 귀족들이 의회의 권한을 포기하고서야 포위작전은 일단락되었다. 프레데리크 3세는 이후 전제군주제를 도입해 자신과 후계자에게 절대권력을 부여했다. 이어서 '국왕법'을 제정해 입법·사법·군 지휘권에 대한 절대권력을 정당화했다. 그는 또한 행정 절차와 법률을 표준화 및 현대화하고, 상업활동·군사업무·외교를 담당하는 부서를 설립해 덴마크 공공조직의 기틀을 닦았다. 스웨덴과는 1720년 이후 더 이상의 전쟁을 벌이지 않았고, 스웨덴의 구스타브 왕과 덴마크 공주의 혼인으로 관계가 점차 개선되었다.

【 개혁과 나폴레옹 그리고 황금시대 】

18세기 후반에는 산업이라고 할 만한 것이 없었다. 여전히 국토의 절반가량은 귀족 소유였고 농민들은 귀족의 사유지에 귀속되어 있었다. 1784년 덴마크 왕세자 프레데리크는 16세의 어린 나이로 섭정했는데, 나이가 많지 않았음에도 불구하고 그는 진정한 개혁가였다. 14세 미만 아이들의 의무교육과 영토의 재분배, 무역의 자유화를 실시했으며, 봉건적 의무를 폐지했다. 프레데리크 왕세자는 1808년 아버지 서거 이후, 덴마크의 국왕 프레데리크 6세가 된다.

나폴레옹 전쟁 발발 시 스웨덴, 러시아와 함께 가입한 덴마크의 무장중립동맹은 1801년 영국 해군의 코펜하겐 침략으로 이어졌고, 덴마크는 이로 인해 무장중립동맹을 탈퇴해야만 했다. 하지만 영국은 여전히 위협적이었던 덴마크의 함대가 나폴레옹의 손에 들어갈까 노심초사했고, 전쟁기간 중 보호 차원으로 덴마크 함대를 영국이 관리할 것을 요구했다. 이 요구가 거절되자 영국 해군은 1807년 코펜하겐에 미사일을 발사했는데, 이는 영국 해군 최초의 현대식 미사일 공격이었다. 이로 인해 덴마크는 나폴레옹과 동맹을 맺었고, 전쟁 패배 후에는 킬조약(1814년)으로 승자의 편에 섰던 스웨덴에 노르웨이를 할양할 수밖에 없었다.

비록 1830년대 당시 덴마크는 경제적으로는 파산에 이르렀지만 문화적·지성적 '황금시대'가 시작되었다. 작가 한스 크리스티안 안데르센과 철학자 쇠렌 키르케고르는 이 시대의 산물이다.

국제적으로 알려지지는 않았지만 이 시기에 활동했던 신학자 니콜라이 프레데릭 세베린 그룬트비의 사상은 오늘날 덴마크의 사회 및 문화에도 고스란히 남아 있다. 그는 사회의 중요성과 인간이 사회적인 존재임을 강조했다. 또한 그는 '부가 소수에게 집중되지 않고, 작더라도 모두가 누릴 수 있는' 덴마크가 되기를 소망했다. 그는 학교의 주입식 교육에 반대했고, 학생과 선생님이 몇 개월간 함께 생활하면서 '살아 있는 세계'를 배우는 교육 방식을 제안했다. 결과적으로 1840년부터 민중고등학교(니콜라이 그룬트비가 민중을 교육하고 계몽하기 위해 창시한 학교-옮긴이)가 곳곳에 설립되었고, 이는 오늘날까지도 덴마크 교육 시스템에 유산으로 남아 있다.

정치적 변화의 기운도 감돌았다. 진보적인 움직임이 전국적으로 일었고, 부상한 부르주아들이 정권 참여를 원했다. 실질적인 힘은 없었지만 지방의회들이 구성되어 토론의 장이 마련되었고, 이는 곧 정당의 형성으로 이어졌다. 1846년 농민들과 자유 진영이 모여 자유당을 결성했다. 1849년 7월 5일, 이들은 프레데리크 7세를 압박해 양원제 의회 제도를 성립하는 헌법 제정에 성공했다. 양원제 의회는 일반 투표로 선출되는 하원과 지주들에 의해 선출되는 상원으로 구성되었다. 국왕은 행정부의 수장으로 남았고 입법권은 의회로 이양되었으며, 독립적인 사법부가 설립되었다. 시민들은 언론·집회·종교의 자유를 얻었고, 덴마크는 유럽을 선도하는 민주주의 국가로 자리매김했다.

【 전쟁과 상실 그리고 정치개혁 】

덴마크인들을 열광시켰던 자유진보적인 사상은 독립을 추구하던 독일의 슐레스비히와 홀슈타인 지역 사람들에게도 영향을 미쳤다. 첫 번째 반란은 영국을 포함한 다른 강국들의 도움으로 진압되었다. 하지만 1864년 오스트리아-프로이센 연합군이 유틀란트 남부에 위치한 슐레스비히의 자치주를 침략 및 점령했다. 덴마크인에게는 왕국의 부강했던 지역들을 빼앗긴 슬픔을 포함해 기나긴 패배의 역사 끝에 다시 발생한 이 사건이 적잖은 충격으로 다가왔다.

덴마크는 이제 시선을 국내로 돌려 많은 낙후 지역 개발에 집중했다. 유틀란트에서 농업개혁이 실행되었고, '소수, 소규모'의 사람들과 시골 지역의 가치에 집중하는 새로운 형태의 민족주의가 나타났다. 보수정권이 집권했고, 1901년까지 정권을 유지했다. 보수당은 국가 전역을 이을 수 있도록 철도망을 구축했다. 조선업·양조업·사탕수수 정제산업이 융성했고, 대영 곡물 판매도 증가했다. 하지만 개혁의 속도는 시간이 지날수록 더뎌졌다.

새로운 헌법과 함께 도입된 사회·정치적 변화들은 강력했고, 기존의 기득권 세력을 위협하기에 충분했다. 이에 따라 엘리트 계층은 1866년 상원을 강화하는 방법으로 대지주들에게 더 많은 권한을 부여하도록 헌법을 개정했다. 기존의 자유당은 점차 허이여당(우파)으로 편입했고, 모든 보수 세력을 서서히 집결해 규모가 작은 독립보수당과 함께 상원을 지배했다. 허이여당은 상원과 하원의 동등한 권한 및 국왕의 장관 임명권을 지지했다.

1871년 다양한 직군의 노동자들과 사회민주당으로 구성된 사회노동운동이 시작되었다. 지배층은 이 운동에 강력하게 반대했고, 결국 1871년부터 1880년 사이 일련의 대립과 위기 상황이 초래된다. 1884년 최초의 사회민주당이 하원으로 선출되었고, 좌파개혁당과 연합했다. 일부 반대파가 1870년에 합류하면서 좌파연합이 형성되었고, 2년 후 하원의 과반을 확보하게 된다.

좌파연합은 개정 전 헌법으로의 복귀를 비롯해 여러 개혁을 요구했다. 하지만 하원의 과반 확보에도 불구하고 정부에 영향력을 행사하기에는 역부족이었고, 1880년대 후반 당의 중도파 의원들이 우파당에 교섭을 제의하기 시작했다. 결국 1894년 3월, 좌파연합의 지원하에 우파가 정권을 유지하는 대신 진보적인 사회 대책들을 도입하는 데 합의했다.

중도파 의원들의 교섭 제의에 환멸을 느낀 좌파연합 의원들은 크리스텐슨의 리더십 아래 1895년 좌파개혁당을 창설한다. 이들은 1901년까지 서서히 세력을 확장했고, 정권을 쥐고 있던 우파는 좌파연합의 지지 없이는 더 이상 정권을 유지하기 힘들다는 것이 명백해졌다.

1901년 국왕 크리스티안 9세는 세력이 막강해진 좌파개혁당에 굴복했고, 좌파개혁당은 새로운 정부를 구성한다. 개혁의 속도에 다시금 박차를 가했고 여성의 선거권을 인정했다. 그룬트비의 교육관이 전체적인 교육 시스템에 적용되었으며, 사회민주당이 1901년 선거에서 하원의 114석 중 14석을 차지했고, 이후 덴마크 정치에서 주요 세력으로 부상하게 된다. 하지만 1890년대 말부터 사회민주당과 좌파개혁당 사이의 균열이 생기기 시작한다. 1906년 당의 분열로 좌파개혁당이 하원의 과반의석을 잃게 되고, 이는 사회자유당의 창설로 이어진다. 1910년 좌파개혁당은 자유당으로 당명을 변경한다. 이렇게 덴마크 정치에서는 자유당, 보수당, 사회자유당, 사회민주당을 필두로 한 주요 정당이 형성된다. 네 정당 중 덴마크 의회에서 한 당이 절대다수를 차지한 적은 한 번도 없으며, 이후로 덴마크 정치는 계속해서 연정과 타협의 길을 걸어왔다.

덴마크는 제1차 세계대전 당시 중립을 지켰고, 패전국 독일로부터 슐레스비히 북부 지역을 되찾은 뒤 오늘날과 같은 독일과의 남쪽 국경선을 형성했다. 제1, 2차 세계대전 사이 사회민주당이 집권했고, 대공황으로 인해 현재의 덴마크 복지 시스템의 근간을 이루는 여러 가지 전면적인 개혁이 도입되었다.

【 제2차 세계대전 】

덴마크는 1940년 4월 9일 독일 나치군의 침공을 받기 전까지 제2차 세계대전 초기에도 중립을 지켰다. 1943년 8월까지는 덴마크가 독일의 통제하에 정국을 주도해나갔다. 하지만 1942년 덴마크 국왕 크리스티안 10세의 생일을 축하하는 자리에서 '전보 위기'가 발생하게 된다. 히틀러는 162개의 단어로 구성된 축전을 보냈지만 덴마크 국왕은 "감사의 뜻을 표합니다."라고 간결하게 응답했고, 이는 히틀러를 격분하게 만들었다. 결과적으로 빌헬름 불 수상이 사임했고, 독일 입장에서 보다 순응적인 에리크 스카베니우스가 그 자리를 대신했다. 친선의 의미로 독일은 1943년 3월 덴마크의 선거 실시를 허용했고, 이 선거에서 덴마크나치당은 고작 3%를 득표했다.

저항운동이 곳곳에서 조직되었고, 사보타주 행위가 증가했다. 이에 대한 독일의 보복으로 결국 1943년 8월 30일 덴마크 정부는 자치권을 잃었다. 이후 독일은 덴마크를 완전히 손에 넣었고, 이에 따른 덴마크의 저항 또한 거세졌다. 이 시기 대성공을 이루었던 사건의 주인공은 중립국이었던 스웨덴으로 7,000명의 덴마크 유대인들을 밀입국시킨 것이다. 전쟁이 끝나갈 무렵 덴마크는 소련의 보른홀름 폭격과 1944년 공화국으

로 독립을 선언한 아이슬란드 상실을 제외하면 상대적으로 큰
피해를 면할 수 있었다.

【 전후 시기 】

전쟁 경험을 토대로 덴마크는 중립 정책에서 벗어나 1949년
북대서양조약기구(NATO)에 가입한다. 1952년 노르웨이, 스웨
덴, 핀란드, 아이슬란드와 함께 북유럽이사회를 구성해 북구
정책을 조직화했다. 국제연합(UN) 창립국인 덴마크는 1973년
국민투표를 거쳐 마침내 유럽공동체(유럽연합인 EU의 전신)에 가
입했다. 덴마크는 항상 EU를 지원했지만 EU의 통제력이 커질
수록 덴마크의 사회복지 제도가 위협받을 수 있다고 생각했
다. 1992년 덴마크는 마스트리히트 조약에 일부 반대 의사를
표하는 방식(국민투표로 조약 비준 부결)으로 이러한 우려를 표출했
다. 마스트리히트 조약의 목적은 유럽의 경제 및 정치적 통합
의 수위를 높이는 것이었다. 덴마크는 유로 단일화, 공동방위
정책에 있어 일정한 면제를 받은 후에야 후속 조약인 1998년
암스테르담 조약을 체결했다.

　　1953년 다시 한 번 헌법 개정이 이루어졌다. 상원이 폐지되
었고, 그린란드에 대한 식민지배를 중단하고 덴마크 왕국으로

편입시켰다(이후 1979년 그린란드 자치령이 제정된다). 또한 여성의 왕위 계승권이 인정되었다.

　사회민주당이 전후 시기 덴마크를 복지국가의 길로 이끌었다. 오늘날 덴마크는 높은 세금을 전제로 덴마크인에게 '요람에서 무덤까지'로 상징되는 복지 시스템을 제공한다. 자유당이 이끄는 현재의 정부는 국민의 부담을 경감하기 위해 세금 인상을 막으려는 시도를 하고는 있다. 하지만 이미 복지 시스템이 깊숙이 뿌리박혀 있기 때문에 정당들이 중대한 변화를 감행하려고 하지 않는다.

　현대의 덴마크는 대체로 익숙함과 편안함을 추구하는 국가다. 덴마크의 이러한 현상유지 성향은 인구구조가 변화하면서 위협을 받고 있는데, 노동인구에 비해 은퇴한 노령인구가 많아지고 있기 때문이다. 이는 결국 납세자보다 복지 수혜자가 많아지면서 경제적 위기를 초래할 수 있다. 덴마크의 사회복지 시스템은 높은 고용수준을 전제로 하고 있기 때문에 갈수록 어려워지는 세계 경제 상황도 위협이 되고 있다. 또한 1973~1974년 석유 위기로 촉발되어 1970년대부터 지속된 경기 부진 때문에 높은 고용수준을 유지하는 것이 힘들어졌다. 덴마크를 위협하는 또 다른 요소는 덴마크 복지 제도에 해가

되는 유럽연방 제도와 유럽의 복지 혜택 및 과세통합 정책이
다. 모든 상황을 고려해 사회복지 모델을 수정하거나 과도하게
이상적인 혜택을 없애는 등의 변화가 이루어질 수 있다.

덴마크의 도시

질란드의 동쪽 해안을 따라 덴마크의 수도 코펜하겐이 자리한
다. 인구는 코펜하겐 광역권을 포함해 200만 명에 이른다. 덴
마크 최대의 도시이자 스칸디나비아 반도에서도 가장 크다.
다른 국가의 수도와 마찬가지로 코펜하겐에 거주하는 주민은
자신들이 다른 지역 주민보다 조금 더 우월하다는 인식을 가
지고 있고, 이러한 인식이 질란드 전역에 퍼져 있다. 이로 인해
질란드 섬과 덴마크의 다른 지역 사이에 우호적인 경쟁관계가
형성되어 있다.

　유틀란트 반도 중앙의 동부 해안가에 위치한 오르후스(인구
약 273만 77명)는 대학의 도시이며, 문화의 중심지 역할을 한다.
도시 인구의 2만 5,000명이 대학생 및 대학원생이다.

　퓌넨 섬에 있는 오덴세는 한스 크리스티안 안데르센의 출생

지로 유명하다. 인구는 17만 8,210명으로 아름다운 대학의 도시다.

유틀란트 북부의 올보르는 13만 6,000명의 인구가 살고 있는 작은 도시다. 북부 유틀란트를 둘로 나누는 림 협만을 가로지르는 이 도시는 '아쿠아비트'라는 덴마크식 스넵스(네덜란드에서 생산되고 있는 독하고 색이 없는 다양한 향을 내는 술-옮긴이) 생산지로 유명하다.

주요 도시들은 각각의 고유한 문화적 특성을 가지고 있지만 알보르, 오르후스 그리고 오덴세의 주민들은 수도권 주민과 비교했을 때 그들끼리 더 많은 공통점을 나누고 있다고 생각한다. 하지만 관광객들이 이러한 인식을 알아차리기

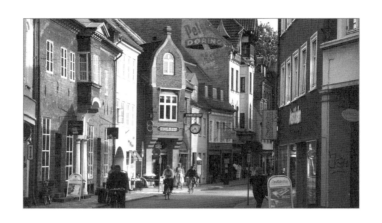

는 쉽지 않을 것이다. 대부분의 덴마크 사람들은 도시 지역
에 거주하지만 도시와 지방 사이 어느 정도의 분열은 명백하
게 존재한다.

정부와 정치

덴마크는 단원제(하원) 의회로 구성된 입헌군주제다. 하원은
179석으로, 그린란드와 페로 제도가 각각 2석씩 가지고 있다.
하원의원은 비례대표제 선거로 선출되고, 임기는 4년이다. 덴
마크의 비례대표제 시스템은 조금 복잡한데, 선거에서 2% 이

상의 득표율을 얻으면 의석을 차지할 수 있다. 이러한 시스템의 영향으로 덴마크 하원은 다양한 정당으로 이루어져 있다. 정치적 측면에서 보았을 때 덴마크는 5개 행정구역으로 구성되어 있고, 이는 다시 98개 지방 자치단체로 나뉜다.

【 정당 】

덴마크에는 9개의 주요 정당이 있고, 사회민주당과 덴마크국민당의 규모가 가장 크다. 덴마크는 합의정치와 대체적으로 온건한 정치적 태도를 가지고 있다. 정당이 많기 때문에 제2차 세계대전 이후부터 대부분 연립정부나 소수 여당 정부 형

태를 취해왔다. 덴마크인들은 정치에 적극적으로 참여하며 투표 참여율도 대부분 85% 이상을 기록한다. 다음에 소개하는 정당들은 2015년 선거에서의 득표율 순으로 배열했다.

【 사회민주당 】

사회민주당은 소득재분배 강화를 지지한다. 대규모 국가 기구를 유지하고 보건·교육·인프라 등 핵심 국영사업 분야에 대한 총괄적인 경제적 지원을 추구한다.

【 덴마크국민당 】

덴마크국민당은 보수적이고, 애국을 강조하며, 사회민주주의적 성향을 가지고 있다. 반이민을 추구하는 플랫폼을 운영하고 있으며, 덴마크의 EU 참여에 반대한다. 1998년 선거를 통해 의회에 입성했다.

【 자유당 】

자유시장을 옹호하는 진보적인 정당이다. 세금 인하와 개인 및 기업의 삶에 대한 정부의 불필요한 간섭을 최소화할 것을 주창한다.

【 적색녹색동맹당 】

가장 급진좌파적인 성향의 정당으로 생태사회주의를 주창하며, 집단 지도체제를 가지고 있다. 덴마크뿐 아니라 전 세계적인 환경친화적 사회민주주의 창조를 목적으로 하고 있다. 전통적으로 EU와 NATO에 반대한다.

【 자유동맹당 】

'새로운 동맹당'의 후신인 자유동맹당은 중도우파로 고전적인 진보 성향의 정당이다. 전 사회자유당과 보수당 의원들이 2007년에 창당했다.

【 대안당 】

대체로 대안당은 중도좌파의 녹색당으로 전 사회자유당 의원들에 의해 2013년 창당되었다. 정당 성명서를 제공하지는 않지만 '정치실험실'이라고 불리는 협의를 통해 정강을 발전시켜나가고 있다. 협의할 만한 안건을 가지고 있는 사람이라면 누구나 정치실험실에 참여할 수 있다.

【 사회자유당 】

사회자유당은 덴마크 정치 스펙트럼의 중심에 서 있는 정당이
다. 자유시장경제와 정부 역할의 결합을 주창하며 사회개혁을
추구한다. 대략적으로 미국의 민주당과 비슷한 성향을 가지고
있다고 할 수 있다.

【 사회국민당 】

공산주의와 사회민주주의 사이의 어딘가 즈음에 존재하는 이념
을 가지고 있는 사회국민당은 덴마크 공산당의 분열로 1956년
창당되었다. 유럽을 경계하며 단일 통화 같은 다수의 유럽 통
합 정책에 공격적으로 반대해왔다.

【 보수당 】

보수당은 당명에서도 알 수 있듯이 보수 자유주의적 성향을
가지고 있다.

덴마크의 외교는 UN, NATO, EU 회원국으로서의 역할과 북구 협력 원칙에 근간을 두고 있다. 외교 정책은 북유럽 국가와 개발도상국 사이 관계에서의 역할을 강조한다. 이에 따라 덴마크는 UN의 권고 기준인 GNI(국민총소득) 대비 0.7%를 초과해 공적개발 원조를 지원하는 몇 안 되는 국가 중 하나다. 세계 평화유지 원칙을 강력하게 옹호하며, 덴마크 군은 많은 UN 평화유지 활동 및 미국 주도의 이라크 동맹에 참여해왔다.

중유럽 및 동유럽 국가들이 서유럽의 이념으로 통합되는 것에 앞장서왔던 덴마크는 발트 3국에 대한 서방의 원조를 조직화해왔고, EU 의장국 수임기간 중 구소련권 국가들의 EU 가입에 중추 역할을 담당했다.

덴마크는 1949년 체결 당시부터 NATO 회원국으로 참여했고 아네르스 포그 라스무센 전 덴마크 총리가 2009년부터 2014년까지 사무총장직을 수행했다. 1982~1988년 사이 덴마크가 핵 및 군비 통제와 관련해서 밝힌 입장이 미국 측의 입장과 상반되면서 덴마크와 미국의 관계는 냉각되었다. 하지만 그 이후로 덴마크는 NATO에서의 미국 측 정책 목표에 동의했고, NATO에서 덴마크의 입지를 굳건히 다져왔다.

덴마크인들은 항상 유럽 통합을 꺼려했다. 큰 중앙정부에 대한 거부감과 통합된 유럽으로 인해 오늘날 덴마크의 복지 시스템이 무너질까 봐 두려웠기 때문이다. 이로 인해 1992년 마스트리히트 조약에 반대했고, 유로 단일화, 공동방위 정책, EU 시민권, EU 내무사법 협력에 대한 덴마크의 면제 조건을 내세우며 조약 개정을 요구했다. 덴마크는 1998년 국민투표를 통해 개정된 조약(암스테르담 조약) 체결에 동의했다. 또한 2000년에 실시된 국민투표를 통해 유로화에 가입하지 않기로 결정했다.

사회복지 모델

덴마크의 사회복지 모델은 사회보장 연금, 공공의료 서비스, 교육 체계를 조직하고 자금을 지원하는 방식이다. 기본 원칙은 고용 상태이든 비고용 상태이든 상관없이 특정 조건에 부합하는 모든 국민이 혜택을 받을 수 있어야 한다는 데 있다. 보편적인 시스템으로 국민 모두에게 해당되지만 복지 혜택은 개개인에게 주어진다. 예를 들어 기혼 여성의 권리는 남편의 권리와는 무관하게 적용된다.

복지 시스템 운영비용 중 대부분을 국가가 충당하며, 덴마크는 (영국의 경우처럼) 특정 목적용으로 예산을 배정하는 방식이 아닌 일반 과세의 형태로 재원을 공급한다. 이렇게 국가가 적극적으로 관여하고 있기 때문에 포괄적이고 높은 세금을 부과한다. 덴마크의 복지 체제하에서 공공의료와 교육은 모든 국민에게 무료로 제공되며, 육아에 대해서도 보조금을 대량으로 지급한다. 그 결과 덴마크는 자유시장경제 체제를 갖추고 있지만, 소득 분배에 따른 불평등 수준이 낮다. 또한 소수에게 부와 권력이 집중되는 것을 방지하고 있다. 이는 그룬트비가 주장한 '부가 소수에게 집중되지 않고, 작더라도 모두가 누릴 수 있는' 이상적 개념을 반영한 결과라고 할 수 있다.

하지만 이러한 복지국가를 유지하는 데 많은 비용이 들고 있다. 1980년대와 1990년대에는 대규모 해외 무역 적자가 발생했고 금리도 18%를 초과했다. 이에 따라 무역 적자를 메우기 위해 막대한 외채를 발행해야 했다.

덴마크 복지 시스템의 미래에 대해서는 의견이 분분하다. 과거에는 완전고용에 도달하는 것이 정치적으로 중요한 과제

였지만 1970년대 중반 이후 완전고용은 불가능해졌다. 또한 현재의 경우처럼 이토록 많은 사람들이 이렇게 장기간 동안 복지 혜택을 누리리라고는 예상하지 못했다. 이에 더해 인구 고령화와 출산율 저하가 맞물려 인구통계학적으로 부담이 가중되고 있다. 결과적으로 복지 시스템 재원 조달에 지속적인 문제가 발생했고, 덴마크 정부는 광범위한 원칙을 지키는 선에서 복지 혜택 변경과 축소 등으로 이 문제를 해결해왔다.

덴마크의 고용시장은 고용인과 피고용인의 단체협약을 통해 출산휴가, 질병수당, 연금 등의 문제를 규제해왔다. 하지만 무직자들은 이러한 혜택을 받을 수 없기 때문에 실직자와 취업자 사이의 격차가 심화되었고, 덴마크 사회복지 모델의 기본 원칙 중 하나인 평등성과 충돌하는 상황이 계속해서 발생하고 있다. 이 문제를 해결하는 것이 오늘날 덴마크 사회가 당면한 주요 과제다.

덴마크를 대표하는 유명인

티코 브라헤(1546~1601년): 덴마크 최초의 위대한 관측천문학자로 『새로운 별』 집필

니콜라이 프레데릭 세베린 그룬트비(1783~1872년): 신학자이자 시인, 선구적인 교육자로 성인을 위한 민중고등학교 설립

한스 크리스티안 안데르센(1805~1875년): 덴마크 작가로 세계에서 가장 뛰어난 이야기꾼으로 평가받음

쇠렌 키르케고르(1813~1855년): 철학자이자 신학 작가. 실존주의 철학이 유행하면서 주목받기 시작

카를 닐센(1865~1931년): 작곡가이자 지휘자

조지 젠슨(1866~1935년): 디자이너이자 장신구 및 은 세공인

닐스 보어(1885~1962년): 노벨 물리학상 수상자

카렌 블릭센(필명: 이자크 디네센, 1885~1962년): 작가

요른 웃손(1918~2008년): 건축가

빌레 아우구스트(1948년~): 영화감독

라스 폰 트리에(1956년~): 영화감독

페터 회(1957년~): 소설가

캐롤린 워즈니아키(1990년~): 테니스 선수

케빈 마그누센(1992년~): F1 레이싱 드라이버

02

가치관과
사고방식

덴마크인은 대체로 다른 스칸디나비아 국가 사람들에 비해 느긋하고 허물이 없는 편이다. 하
지만 일을 할 때는 냉철한 협상가로 변신해 신속하게 진행하는 것으로 유명하다. 덴마크 사
회는 의견 일치를 기본으로 하고 있지만 개인의 특성 및 개성에 관대하다. 얀테의 법칙이 개
인주의의 위험성을 경고하고는 있지만 스칸디나비아 국민들 중 덴마크 사람들의 개인주의적
성향이 가장 뚜렷하며, 기업가 정신이 가장 활성화되어 있다.

느긋한 남부 사람들

한 국민의 전형적인 특성을 살펴보려면 어느 정도의 일반화를 거쳐야만 하고, 여기에도 항상 예외는 존재한다. 이러한 점을 염두에 둔다면, 독자 스스로가 여행하면서 덴마크 문화와 사회적 특징을 발견하기에 앞서 이 책이 시작점 또는 이정표 정도의 역할을 할 수 있을 것이다.

덴마크의 유구한 역사와 지리적 위치에 따른 스칸디나비아 반도 국가들과의 관계로 인해 다른 스칸디나비아 국가들과 덴마크 사이에는 차이가 존재한다. 가치관이나 사고방식 측면에서 인접한 국가들과 비슷한 점이 많기는 하지만 중요하게 생각하는 부분들이 다르다. 다른 국가들은 덴마크인이 스칸디나비아의 전통을 지키는 데는 관심이 없다고 여기기 때문에 덴마크인을 '행실이 바르지 않은 남쪽 여편네'라고 묘사하기도 한다. 또한 덴마크 사람들은 상냥하고 태평하다고 생각한다. 관광객들도 덴마크인이 다른 스칸디나비아 반도 사람들처럼 수줍음을 많이 타는 성격은 아니라는 것 정도는 어렵지 않게 알아차릴 수 있을 것이다. 덴마크에서 널리 사용되는 농담 중 하나는 "스웨덴 사람이 외향적인지 아닌지 어떻게 알 수 있나요?"라는 질문에 대해 "말할 때 자기 자신의 신발 말고 당신의 신발을 쳐다본다면 외향적이라고 할 수 있죠!"라고 대답하는 것이다.

대체로 덴마크인은 다른 스칸디나비아 국가 사람들에 비해 느긋하고 허물이 없는 편이다. 하지만 일에 있어서는 냉철한 협상가로 통하며, 신속하게 일을 진행하는 것으로 유명하다. 또한 보다 독립적인 성향을 가지고 있고, 영업에 능하다고 평가된다.

또 하나의 차이점은 술에 대한 태도다. 덴마크를 제외한 스칸디나비아 국가에서는 정부가 관리하는 곳에서만 술을 판매할 정도로 증류주나 도수가 높은 맥주 판매에 대한 규제가 엄격하고, 가격도 비싸 애주가들조차 금주를 해야 할 정도다. 반면 덴마크는 대부분의 슈퍼마켓이나 가게에서 증류주를 비롯해 높은 도수의 맥주를 비교적 비싸지 않은 가격에 판매하고 있다. 덴마크에는 세계적으로 유명한 칼스버그를 필두로 맥주 양조나 맥주 소비 전통이 뿌리박혀 있다. 매년 크리스마스나 부활절 시즌이면 '크리스마스 브루', '부활절 브루' 등의 이름으로 도수를 높인 맥주를 선보인다. 대중매체를 통해 이러한 맥주 출시를 광고하고, 덴마크의 애주가들 또한 특별 맥주를 손

꼽아 기다린다. 한때 저렴한 술과 담배를 찾아 독일로 넘어가던 덴마크 사람들을 저지하기 위해 덴마크 정부는 소비세를 대폭 인하한 적도 있다. 이러한 정부의 대응은 스웨덴이나 노르웨이에서는 찾아보기 힘들다.

덴마크 사회는 의견 일치를 기본으로 하고 있지만 다른 스칸디나비아 반도에 비해 개인의 특성 및 개성에 관대하다. 덴마크 사람들은 시대의 반항아들이나 대안적 하위문화를 존중한다. 하지만 가능하면 이러한 하위문화가 주류에 통합될 수 있도록 공식 승인 절차를 신속하게 진행하기도 한다. 코펜하겐 근처에 세워진 '자유의 마을' 크리스티아니아가 대표적인 예다.

【 크리스티아니아 】

크리스티아니아는 원래 군대가 주둔하던 병영이 있던 곳(도시 외곽의 크리스티안스하븐)에 위치하며 1970년 '대안적' 삶을 주창하던 사람들에 의해 설립되었다. 주류 덴마크 문화 및 가치관을 규제로 인식하고 이러한 규제로부터의 자유와 공동경제 원칙에 기반을 두고 있다. 당국은 원래 국방부 소유의 지역을 무단으로 점거한 이들을 몰아내고자 시도했지만 방대한 점유 지역과 대규모 참여자들로 인해 실패로 돌아갔다. 1972년 정부와

크리스티아니아 거주민들은 생활수와 전기 사용 요금을 지불하는 대신 '사회실험'이라는 명목하에 이 지역을 그대로 유지하는 방식으로 타협했다.

하지만 그 이후에도 크리스티아니아 주민과 바뀌는 정부들 사이 관계는 긴장의 연속이었다. 가장 큰 골칫거리는 크리스티아니아 내 '푸셔 스트리트'라고 불리는 곳의 가판대에서 공공연하게 대마초 판매가 이루어지는 것이었다. 1990년 덴마크 국방부는 '목적과 방법'이라고 명명된 크리스티아니아 정상화 계획을 세웠다. 그 이후 크리스티아니아에서는 푸셔 스트리트에 대한 경찰의 단속과 정상화 계획에 반대하는 주민들의 시위가 빗발쳤다. 2004년 정부는 공식적으로 크리스티아니아를 폐지하는 법을 통과시켰지만 이후에도 크리스티아니아 지역의 미래에 관해 주민들과 협상을 지속하고 있다. 이 과정에서 푸셔 스트리트는 여전히 경찰의 주기적인 단속을 받고 있다.

얀테의 법칙

얀테의 법칙은 노르웨이(덴마크 출생)의 작가 악셀 산데모제가 쓴 소설 『도망자, 그의 지나온 발자취를 다시 밟다』에서 유래된 일련의 신조다. 소설 속에 등장하는 가상의 마을 '얀테'를 배경으로 스칸디나비아의 작은 마을 사람들의 사고방식을 다룬다. 이 소설은 스칸디나비아에 지대한 영향을 끼쳤으며 현대의 덴마크인들도 스칸디나비아 국민들만큼은 아니지만 여전히 얀테의 법칙에 공명하고 있다.

대부분의 덴마크 사람들은 호화로운 생활을 꺼리고 겸손과 자제의 미덕을 알고 있다. 또한 계급을 드러내는 복장 규정을 (특히 직장에서는 더욱) 지양한다. 예를 들어 덴마크인들은 발레 공연을 관람할 때 (공연 첫날이거나 특별한 경우가 아니라면) 다른 나라

• 얀테의 법칙 •

- 스스로 특별한 사람이라고 생각하지 말라.
- 당신이 다른 사람들만큼 좋은 사람이라고 착각하지 말라.
- 당신이 다른 사람들보다 더 똑똑하다고 생각하지 말라.
- 당신이 다른 사람들보다 낫다고 자만하지 말라.
- 당신이 다른 사람들보다 더 많이 알고 있다고 생각하지 말라.
- 당신이 다른 이들보다 더 중요할 거라 생각하지 말라.
- 당신이 뭐든지 잘할 것이라고 여기지 말라.
- 다른 사람들을 비웃지 말라.
- 다른 사람들이 당신을 신경 쓰고 있다고 생각하지 말라.
- 다른 사람들을 가르치려 들지 말라.

사람들이 격식을 갖추어 입는 수준보다 훨씬 캐주얼하게 옷을
입는다. 덴마크인은 겉모습보다는 내면으로 사람을 판단하며,
잘난체하는 이들을 싫어한다. 그렇기 때문에 '자랑쟁이'로 낙인
찍힐 수 있는 행동은 되도록 삼가해야 한다. 그렇다고 덴마크
인이 평균적으로 스웨덴 사람들만큼 얀테의 법칙을 철저히 지

킨다는 뜻은 아니다. 코펜하겐 거리를 거닐다 보면 고가의 자동차나 장신구, 의상 등을 심심치 않게 발견할 수 있다. 덴마크 사람들은 이러한 부를 과시의 상징이 아니라 열심히 일한 것에 대한 보상과 성취라고 여기기 때문에 정당하다고 생각한다.

얀테의 법칙이 개인주의의 위험성을 경고하고는 있지만 스칸디나비아 국민들과 비교했을 때 덴마크 사람들의 개인주의적 성향이 가장 뚜렷하며, 기업가 정신이 가장 활성화되어 있기도 하다. 덴마크의 젊은 층은 얀테의 법칙을 구식이라고 여기며 이를 비판하거나 비웃기도 한다. 하지만 여전히 얀테 신조는 평등과 사회적 결속이라는 명목하에 널리 사용되고 있다. 얀테의 법칙을 창조한 산데모제가 이러한 법칙을 만든 사회를 비판하기 위해 책을 썼다는 것에 비추어봤을 때 이 상황이 모순적이라고 할 수도 있다. 하지만 이러한 모순점이 덴마크 사회 전반에서 크게 주목을 받지는 못한 것으로 보인다.

오만과 편견-덴마크 민족주의

현대 덴마크의 민족주의가 공격적이지는 않다. 물론 필요한 상

황에서는 국가에 충성하는 깃발을 휘날리겠지만, 대영제국의 식민지배를 받았다든지 문화·정치·경제적으로 미국의 지배를 받았다든지 하는 등의 덴마크인을 선동할 만한 역사는 없었다. 덴마크인들은 조용하지만 자국과 자국이 이룬 성취를 자신 있게 자랑스러워한다. 그렇기 때문에 덴마크를 찾는 관광객들은 덴마크 국민들이 다른 나라와 자국을 비교할 때 거만하지는 않더라도 어느 정도 으스댄다고 느낄 수 있다. 덴마크인들은 거의 완벽한 사회를 이루었고, 대부분의 다른 국가들과 비교했을 때 적어도 완벽에 가까운 국가를 이룩했다고 생각한다. 또한 다른 국가는 사회적 약자에 대한 보호가 부족하

• 단네브로 •

덴마크의 국기, 단네브로('붉은 천'을 의미)에 관해 전해지는 아름다운 전설이 있다. 1219년 6월 15일 에스토니아 원정 도중 하늘에서 하얀색 십자가가 그려진 붉은색 깃발이 떨어진다. 덴마크의 주교 안데레스가 이 깃발을 집었고 에스토니아인들은 이것이 신의 계시라고 여겨 자신들이 패배할 것임을 깨닫게 된다. 이후 덴마크 군에 항복하고 즉시 크리스트교로 개종한다.

실제로 덴마크의 국기는 성 요한 기사 수도회에서 몰타기사단으로 알려진 독일 기사단 훈장의 배너로, 전투 중 찢겨서 덴마크 파견대가 있는 곳에 도착하게 된다. 승리를 축하하기 위해 발데마르 왕이 덴마크 군의 상징으로 이 깃발을 채택했고 이후 덴마크의 국기가 된다. 덴마크는 매년 6월 15일을 '발데마르의 날'로 정해 오늘날까지 국기 채택을 기념하고 있으며, 이날에는 국가 전역에서 깃발이 휘날린다. 단네브로는 영국 국기인 유니언 잭, 미국 국기인 성조기, 프랑스 국기인 트리콜로르처럼 국기에 명칭이 있는 몇 안 되는 특별한 국기 중 하나다.

고, 계급사회인데다 고위층은 부패했다고 기꺼이 비판할 준비가 되어 있다.

대부분의 국가들이 흔히 그렇듯 덴마크도 이웃 나라와 자신들은 다르다고 생각한다. 스웨덴처럼 진지하거나 격식을 차리지는 않지만, 침착하고 계급문화가 없다고 정의한다. 또한 독일만큼 효율적이면서도 보다 창의적이라고 생각한다. 덴마크는 자국민을 근면하고, 신뢰할 수 있으며, 성실하고 여유 있으며, 편안한 사람들이라고 평가한다. 덴마크를 찾는 관광객들은 덴마크의 민족주의적 요소를 곳곳에서 찾아볼 수 있다. 모든 교회 건물 외부나 국경일의 버스, 그리고 공항에서 가족이나 친구를 마중 나온 사람들의 가방에 국기가 달려 있는 모습을 보게 될 것이기 때문이다. 다른 나라 사람들과 달리 덴마크인은 생일이나 각종 기념일, 결혼식 등 중요한 가족 행사에도 국기를 사용한다.

덴마크는 1992년부터 GNP 대비 약 0.85%를 지원하면서 타국의 발전에도 힘써왔다. 이는 덴마크 사람들이 자국을 관대한 국가로, 특히 저개발 국가에게는 더욱 너그럽다고 여기는 인식을 보여준다고 할 수 있다. 덴마크인은 덴마크가 국제사회의 평화로운 공존에 앞장서며, 사회적 약자에게 열려 있고 기회를 줄 수 있는 국가라고 생각한다. 하지만 최근 들어 이라크전에 참여하고 이민 정책에 관해 새로운 민족주의적 입장을 내놓는가 하면, 극우 성향의 정당인 덴마크국민당이 선거에서 지속적

인 인기를 끌고 있는 상황들로 인해 덴마크 사람들이 자국에
대해 가지고 있던 인식이나 이미지가 손상을 입고 있다.

【 유럽에서 가장 오래된 왕실 】

덴마크 왕실은 서기 950년 고름 왕으로까지 거슬러 올라가는
끊기지 않은 혈통을 가지고 있으며, 그 결과 유럽에서 가장 오
래된 왕실로 자리매김하고 있다. 덴마크인들은 조국의 왕실을
자랑스럽게 여기며, 덴마크 왕실은 젊은 세대나 기성세대 모두
에게 인기를 얻고 있다. 현재의 덴마크 여왕 마르그레테 2세는
1972년에 즉위했고, 1412년 이후로는 첫 번째 여성 군주다. 덴
마크 왕실, 특히 마르그레테 여왕은 왕실과 일반 대중을 분리

하는 일종의 특권의식을 최소화하기 위해 노력하고 있다. 여왕은 친척인 영국 여왕 엘리자베스 2세보다 더 활동적이고 사교적이며, 통상적으로 사람들이 군주에게 기대하는 의무를 초월해 덴마크인들의 삶에 참여해왔다. 또한 뛰어난 예술가로 우표, 플레잉 카드, 〈반지의 제왕〉 삽화를 직접 그렸고, 시몬 드 보부아르의 『모든 인간은 죽는다』를 프랑스어에서 덴마크어로 번역하기도 했다. 덴마크 왕실과 관련된 스캔들이 몇 건 있었고 언론에 보도되기도 했지만 국민들 기억에 오랫동안 남을 정도의 사건들은 아니었다.

일반적으로 덴마크 왕실은 국민들에게 친근하게 다가가며, 공개적으로 감정을 드러내는 것을 두려워하지 않는다. 덴마크 왕족을 직접 만났던 사람들은 그들이 매우 '평범해' 보였다고 이야기한다. 하지만 덴마크 궁은 다른 유럽 국가와 마찬가지로 엄격한 규칙과 절차를 따르며, 영국보다 규모는 작을지 몰라도 왕족에게 기대하는 화려한 의식 등을 실행하고 있다. 이렇게 왕실 개개인의 스타일과 오랜 전통이 독특하게 혼합된 모습을 보여줌으로써 덴마크 왕실의 미래를 공고히 하고 있다. 결과적으로 대부분의 덴마크인은 그들이 소중히 여기는 평등의 원칙과 계급이나 특권의 상징이라고 할 수 있는 왕실이 대립되는 지점이라고 생각하지 않는다.

이민

덴마크에는 오래전부터 이민이 있었고, 이민자들 또한 덴마크 사회의 필수적인 구성원으로 참여하고 있다. 이민자 다수는 중동이나 아프리카 출신이다. 많은 이민자 자녀들이 존경받고 영향력 있는 언론계나 정치계에서 활동하고 있다. 이러한 이민자들의 유입과 함께 덴마크의 문화에도 많은 변화가 찾아왔다. 이민 온 사람들이 자국의 음식을 요리하면서 자연스럽게 해당 국가의 채소나 향신료, 각종 양념들을 판매하는 전문 상점이 생기기 시작했는데, 덴마크 사람들에게도 이러한 요리가 인기를 얻기 시작한 것이다. 이민자 가정이 운영하는 소규모 상점이나 키오스크가 덴마크 전역에 문을 열기 시작했다. 요즘에는 덴마크의 치과나 병원을 가면 의사들이 대부분 이민자 2세들이다. 그러나 덴마크의 높은 세금으로 인해 전문직종의 이민이 많지는 않다.

저숙련 노동자들 같은 경우, 언어 장벽으로 덴마크 노동시장에서 기반을 마련하기가 쉽지만은 않다. 오히려 덴마크의 관대한 복지 혜택을 누리는 것이 나은 경우도 많다. 일부 덴마크 고용주들은 이슬람교도 노동자들에게 기도실을 제공하는 등 문화적 차이를 해소하기 위해 노력하고 있다.

이민자들의 유입 문제에 대한, 특히 이들이 어떻게 덴마크 사회로 통합될 수 있는지에 대한 논의는 꾸준히 진행되고 있다. 이 문제에 관해 덴마크인과 토론하면, 이들 입장에서의 '이민 문제'는 중동에서 온 무슬림교도 이민자들을 의미한다는 점을 금방 알아차릴 수 있을 것이다. 이민 문제에 대해서는 사람마다, 특히 연령대별로 다른 의견을 보이는데 노년층은 강경한 이민 정책을 원하는 반면 젊은 세대는 대체로 보다 진보

적이다. 덴마크어로 이민자는 'indvandre'인데, 영어권 사람들에게는 이 단어가 'invader', 즉 침략자로 잘못 해석될 수 있어 관광객의 인식에는 도움이 되지 않을 수도 있다(덴마크어로 침략자를 뜻하는 단어는 'angriber'이다). 최근 들어 이민 문제는 덴마크 정치에서 '뜨거운 감자'로 떠오르고 있다. 이에 따라 2015년 선거에서는 덴마크국민당이 21%의 득표율을 보이며 선전했고, 덴마크에서 두 번째로 큰 정당으로 발돋움했다.

이민자들이 많은 범죄에 가담하고 있고 범죄에 책임이 있다는 대중적 인식이 있지만 통계자료를 살펴보면 덴마크에서 발생되는 범죄 중 83%는 덴마크 출신이, 14%는 비서구권 출신이 저지르는 것으로 나타났다.

이민과 관련된 사회 및 종교적인 이슈도 존재한다. 예를 들어 보수적인 전통의 이슬람 문화에서 여성의 지위와 덴마크인이 주창하는 평등의 가치가 정면으로 상충하는 것이다. 최근 덴마크는 얼굴 전체를 가리는 무슬림 여성의 전통 의상(베일) 착용을 금지했다. 사회 통합에 대한 문제는 여전히 남아 있지만, 현재의 흐름을 보면 과거보다 더 구속적인 방식을 택하고 있다. 관광객들은 이민 문제에 대해 이야기할 때 신중해야 하며, 가능하다면 이 주제를 피하는 편이 바람직하다. 열띤 토론으로 번질 수도 있고, 덴마크인이 스스로에게 가지고 있던 이미지나 덴마크 고유의 문화와 갈등을 일으킬 수 있는 민감한 주제이기 때문이다.

"시키는 대로 해"

덴마크인은 매우 질서정연하며 잘 정돈된 상태를 좋아한다. 따라서 많은 상점에서는 질서 있게 고객을 응대하기 위해 번호표 시스템을 도입하고 있다. 상점에 들어서면 번호표를 뽑고, 그 번호의 차례가 올 때까지 기다려야 상점을 이용할 수 있다. 이 시스템을 무시하면 곤란한 상황에 처할 수 있다.

덴마크 내의 다양한 협회나 친목단체에서도 이렇게 질서와 정리를 좋아하는 모습을 쉽게 찾아볼 수 있다. 취미, 좋아하는 운동, 관심사가 무엇이든 간에 덴마크에서 이와 관련된 단체를 분명히 찾을 수 있을 것이다. 일단 협회에 가입하게 되면 매월 그 협회가 발행하는 잡지를 받게 된다. 이러한 협회는 국가에게 재정 지원을 요청할 수 있고, 정부의 승인이 나면 회원 수에 따라 지원을 받게 된다. 이 때문에 회원 수를 유지하는 것이 최대 관건이다. 이러한 이유로 오래전에 협회를 탈퇴했더라도 매달 받던 잡지를 계속 배송받는 경우도 있다.

덴마크의 조직생활은 매우 어린 나이에서부터 시작된다. 어린이들은 정부가 지원하는 어린이집에 다니며, 정부의 승인을 받은 전문 선생님들이 설계한 계획대로 하루 일과를 보낸다. 대부분의 아이들이 아주 어렸을 때부터 이러한 교육 시스템에 편입되기 때문에 아이들이 배우는 가치관이나 사고방식이 다소 획일적이다. 이 때문에 덴마크 사회의 많은 영역에서 쉽게 합의가 이루어지는 것도 그리 놀랄 만한 일은 아니다.

여기에서 주목할 점은 어린이들이 자신의 문제를 서로서로 또는 어른들과 상의할 수 있고, 대화를 통해 절충안을 찾을 수 있어야 한다는 점이다. 이렇게 덴마크를 관광하다 보면 덴마크 사람들이 토론을 좋아한다는 점과 종교에서부터 정치까지 모든 문제에 대해 토론하는 수많은 TV 프로그램을 발견할 수 있을 것이다.

낭만주의와 낙관주의

'로맨스' 혹은 '낭만적'이라는 말은 스칸디나비아 민족과는 어울리지 않는 단어라고 할 수 있다. 하지만 덴마크 사람들은 잘 드러내려고 하지 않을 뿐 로맨틱한 감수성을 가지고 있다. 덴마크인의 인생관은 낭만적이다. 다른 스칸디나비아 사람들처럼 덴마크인도 자연을 아끼고, 자국의 자연경관이나 여행했던 곳의 자연을 사랑한다. 덴마크 정부는 국민들이 가지고 있는 자연을 향한 마음과 때론 구식이지만 유용한 현실성을 바탕으로 혁신적인 환경 정책을 수립하고 있으며, 국민들도 이러한 정책을 적극 지지한다.

　덴마크인들은 모든 상황에서 긍정적인 면을 보려고 노력한다. 다른 나라 국민들과 비교했을 때, 특히 자국과 관련된 문제에서 더욱 긍정적인 모습을 보인다. 또한 덴마크 사람들은 진정한 여행자다. 많은 젊은이들이 고등학교를 졸업하고 대학에 입학하기 전, 갭이어를 가지며 전 세계를 여행한다. 이들과 대화를 나누다 보면, 자신이 방문했던 나라에 대해 긍정적인 측면을 소개하면서 열정적으로 이야기하는 모습을 발견하게 될 것이다.

결혼과 성

덴마크에서 결혼 제도는 점차 사라지고 있다. 첫째 아이 중 60%는 비혼 커플 사이에서 태어난다. 1989년 덴마크는 세계 최초로 동성결혼을 합법화했고, 적어도 대도시에서는 이러한 가정을 거부감 없이 받아들인다. 2000년에는 동성 커플이 과거의 이성결혼에서 생긴 아이에 대한 양육권을 가질 수 있도록 하는 법안이 제정되기도 했다. 이에 더해 훌륭한 보육 시스템 덕분에 덴마크에는 부모가 되려면 결혼을 해야 한다는 사회적 통념이 존재하지 않으며, 현실적으로도 결혼이라는 제도가 필요하지 않다. 교회나 국가의 공식적인 허가 절차도 필요

없기 때문에 상당수의 덴마크인이 동거하면서 자녀를 양육하고 있다. 덴마크의 이혼율은 50%에 달해 편부모 가정 또한 흔하다. 덴마크의 요아킴 왕자와 부인 알렉산드라(홍콩 출신)의 이혼 스캔들도 언론이 집중보도하기는 했지만 영국 왕실의 이혼처럼 논란이 형성되지는 않았다. 대부분의 덴마크인은 왕실 이혼을 단순히 현대화된 사회의 반영으로 여겼다.

덴마크 교회 역시 덴마크인들의 현대적 결혼관을 인정했다. 1997년에 작성된 덴마크의 동성결혼에 대한 보고서에서 주교위원회는 "가족 형태의 변화에 따라 국민의 삶에 있어 결혼이 더 이상 일반적인 가족의 틀로 작용하지 않는다."라고 기록했다. 결혼과 관련해서 관광객들이 염두에 두어야 하는 포인

트는 덴마크 사람들이 영어로 이야기할 때 동거하고 있는 자신의 파트너를 실제 결혼 여부와 상관없이 '남편'이나 '아내'로 지칭하는 경향이 있다는 점이다.

덴마크에서 생존권과 같은 이슈는 논란거리가 되지 않는다. 1973년 이후부터 낙태는 합법적으로 이루어져 왔고, 영주권자를 포함한 덴마크 국민은 임신 12주까지 낙태할 수 있는 권리가 있다. 다수의 국민이 이를 수용하고 있고, 낙태 반대를 주장하는 사람들은 구식이며 무지한 사람으로 간주된다.

덴마크는 또한 1960년대 후반 최초로 포르노를 합법화한 국가이기도 하다. 덴마크에서 음란죄가 성립하기 위한 요건은 많지 않다. 16세 미만에게 외설적인 사진이나 물건 판매, 18세 미만의 인물이 등장하는 음란물(사진, 영화) 제작·배포·소유(단, 덴마크의 성교 동의 연령은 15세이기 때문에 그들의 동의하에 15세에서 18세 인물이 등장하는 음란물 소유는 합법이다), 공공장소에서의 음란행위 정도만이 불법에 해당한다.

이외 포르노에 대한 다른 법은 없고, 포르노물을 자유롭게 이용할 수 있다. 포르노 잡지나 영화 또한 일반적인 상점에서 쉽게 찾아볼 수 있다. 관광객들은 덴마크인이 성생활에 대해 거의 산부인과학 수준으로 자유롭고 솔직하게 이야기한다는 점을 알고 있어야 한다. 덴마크 사람들에게 이러한 대화는 모욕적이라든지 상대방을 유혹하려는 것이 전혀 아니기 때문에 솔로 여행객들은 특히 이 점에 유의해야 한다! 덴마크의 부모들은 십대 자녀의 성생활에 크게 관여하지 않으며, 파트너를 집에 데리고 오는 것도 흔한 일이다.

성 평등

덴마크는 기회가 균등한 사회로 국민의 동등한 권리가 법에
의해 보장된다. 성 평등 분야에서도 매우 인상적인 행보를 보
여주고 있고, 성을 이유로 하는 차별이 거의 존재하지 않는다.
정부 부처로 성 평등부가 있고, 국회의원 중 37.4%가 여성이
며, 여성 고용률이 가장 높은 국가에 속한다. 덴마크의 여성과
남성은 서로를 동등하게 대우한다. 관광객들이 남녀의 동등한
대우에서 비롯되는 실질적인 결과를 경험한다면 다소 놀랄 수
도 있다. 예를 들어 덴마크의 여성들은 문을 잡아주고, 먼저
지나가도록 기다려주는 '레이디 퍼스트'와 같은 전통적인 대우

를 기대하지 않는다. 먼저 지나가는 사람이 문을 잡고 기다려
줄 수는 있지만 뒤따라가는 사람이 너무 늦게 온다면 바로 앞
에서 문이 휙 닫혀버릴 수도 있다.

　　일부 여성 관광객들은 코펜하겐의 번잡한 거리에서 남성들
이 길을 터주지 않고 (특히 바쁠 때면 더더욱) 거칠게 지나가는 행
인들에 대해 불평하기도 한다. 덴마크 여성들은 쓰레기 수거직
을 제외한 사회 각 분야에서 활동하고 있다. 이 때문에 환경미
화원을 지칭하는 'garbage men'에서 남성을 뜻하는 'men'이
라는 단어가 여전히 그대로 사용되고 있다. 덴마크의 일부 젊
은 여성들은 편하게 지나가도록 한쪽으로 비켜주는 남성을 오
히려 불쾌하게 생각할 수도 있다. 하지만 이러한 '남성다운' 행
위에 대한 보다 일반적인 반응은 살짝 당황하거나 놀라는 정
도다. 직장에서 덴마크 여성들은 미국 직장인 여성보다는 덜
예민하고, 남성 동료와 가벼운 성적인 농담을 주고받기도 한
다. 하지만 외국인의 입장에서 선의의 농담과 성희롱을 구분하
기란 쉽지 않고 일반화하기도 어렵기 때문에 이런 경우는 현
지인들에게 물어보면서 확인하는 것이 좋다.

　　여성이 누리는 동등한 법적 지위에도 불구하고, 현실에서
여성은 사회적으로 남성과 정확히 같은 혜택을 누리고 있지는

않다. 평균적으로 여성의 임금이 남성보다 16% 적고, 여성 고위직 비율도 더 낮다. 출산 후에는 여성이 퇴직하는 경우가 더 많기 때문에 결국 경력에 악영향을 주게 된다.

　여성은 출산 전 4주(필요시 4주 이상)의 휴가를 지급받고, 출산 직후 첫 2주는 무조건 휴식을 취해야 한다. 출산 후에는 14주의 출산 후 휴가가 주어지고, 이 시기에 남성 역시 2주의 출산휴가를 떠날 수 있다. 그 후 부모에게 32주의 휴가가 추가로 지급된다. 육아는 부모가 공동으로 부담한다. 이는 덴마크의 거의 모든 가정이 맞벌이 부부이기 때문에 당연한 결과다. 그러나 아이의 양육은 대부분 정부의 승인을 받은 선생님이 운영하는 어린이집이나 유치원 등을 통해 정부가 담당한다.

시간 엄수

시간을 지키는 일은 덴마크 사람들에게 굉장히 중요하고, 외국인이라도 시간 엄수는 필수다. 덴마크인들에게 시간은 문화가 다르다고 해서 넘어가 주는 영역이 아니기 때문이다. 만약 덴마크 사람과 1시에 약속을 했다면, 이는 1시 5분 정도를 의미하는 것이 아니다. 경험상 5분 이상 늦어질 경우 상대방에게 미리 알려주어야 한다. 이렇게 하면 상황이 훨씬 쉬워질 수 있다.

【 12시 30분 전 】

시간 지키기에서 가장 혼란스럽게 느껴지는 대목은 대부분 덴마크식 영어에서 비롯되고, 특히 시간을 이야기하는 부분에서 혼선이 빚어진다. 이는 덴마크 사람들이 덴마크어에서 영어를 그대로 직역해 이야기하기 때문이다. 만약 덴마크인과 오후 '12시 반'에 만나기로 약속하고 그 시간에 약속 장소에 도착했다면 짜증이 나 있는 덴마크 측 상대방과 마주하게 될 수 있다(물론 상대가 그 시간을 기다려주었다는 전제하에). 이에 대한 설명은 간단하다.

영어권 국가에서는 '12시 반'이 '12시에서 30분이 지난'의 의미로 전달되지만 덴마크 사람들이 그렇게 말할 때의 진짜 의미는 '12시가 되기 30분 전'이라는 소리다. 덴마크인들은 시간을 이야기할 때 종종 '12시 30분 전의 5분 전' 또는 '12시 30분 전의 5분 후' 등과 같은 표현으로 이야기한다.

이렇게 시간을 엄수하는 미덕과 관련해 덴마크에서 곧바로 발견할 수 있는 장점 중 하나는 대중교통 운행시간이 정확하다는 것이다. 덴마크의 기차나 버스는 대체로 예정된 시간에 정확히 출발 및 도착하고, 사소한 스케줄 변동도 모두 안내 방송된다. 일을 할 때도 시간 엄수는 기본이다. 덴마크 사람들은 약속한 시간에 정확히 도착하고, 외국인 직장 동료 역시 똑같이 시간을 지키길 기대한다. 이렇게 시간에 엄격한 덴마크인의 사고방식은 얀테의 법칙에서 강조하는 가치관과 연관이 있다. 즉 약속 시간보다 일찍 도착한다면, 이는 곧 상대방이 자신보다 더 중요한 사람이라는 인상 또는 나의 시간이 다른 사람의 시간보다 덜 중요하다는 인상을 줄 수 있다. 반대로 약속 장소에 늦게 도착한다면, 상대방보다 자신이 더 중요하다거나 나의 시간이 상대방의 시간보다 더 중요하다는 인상을 주게 된다. 어느 쪽이든 '모두가 평등하다'는 얀테의 사고방식과 충돌한다.

안목 있는 사람

덴마크에 있다 보면 'kvalitetsbevidst'라는 단어를 자주 듣게
될 텐데, 이는 특정한 성향을 가진 사람을 설명할 때 자주 사
용되는 단어다. 'kvalitetsbevidst'는 제품이나 서비스의 질에
관심이 많은 사람을 의미한다. 즉 품질이나 서비스가 우수하
다는 확신이 들면 기꺼이 추가금액을 지불할 용의가 있는 사
람들이다. 부를 과시하는 것을 못마땅해 하는 덴마크에서 품
질이 좋아서 값비싼 제품을 구매하게 되었다고 말하면 그럴싸

한 핑계가 될 수 있다. 또한 얀테의 법칙을 어겼다는 비난으로부터도 자유로울 수 있다. 하지만 이 단어는 비꼬는 의미로 사용되기도 한다.

그렇다고 덴마크인들이 가격 흥정을 싫어한다는 뜻은 아니다. 이들은 언제라도 할인된 가격으로 산 물건을 기쁘고 만족스럽게 자랑할 것이다.

덴마크의 평범한 가정에서도 상당수의 고급 제품을 찾아볼 수 있고, 고가의 디자이너 가구도 위풍당당하게 자리를 차지하고 있다. 덴마크인은 취미생활과 관련해서도 그들만의 '안목 있는 태도'를 유지한다. 예를 들어 사이클링에 열광하는 덴마크인이 투르 드 프랑스(매년 7월 프랑스에서 개최되는 세계 최고 권위의 일주 사이클 대회-옮긴이)에 참가할 때나 필요할 법한 고가의 탄소섬유 자전거에 걸터앉아 있는 모습을 심심치 않게 발견할 수 있을 것이다.

03

문화와 전통

중요한 공휴일과 종교 축제를 기념하는 날에는 공공건물은 물론 버스나 가정집에 이르기까지 모두 국기를 게양한다. 크리스마스 시즌이면 고유의 풍습을 경험할 수 있는데 크리스마스 런치로, 기독교 축제보다는 중세의 전통에 더 가까운 캐주얼한 행사다. 술은 덴마크인의 삶속에 깊숙이 들어와 있는데, 과세의 형태로 가격을 올려 비싸긴 하지만 구매는 쉽다.

공휴일과 종교 축제

덴마크인들은 여러 가지 중요한 공휴일과 종교 축제를 기념한다. 이런 날에는 공공건물은 물론이고 버스나 가정집에 이르기까지 모두 덴마크 국기를 게양한다. 덴마크의 공휴일은 다음과 같다.

날짜	기념일	의미
1월 1일	New Year's Day	새해
2월/3월	Fastelavn(Shrovetide)	전통 카니발(속죄절)
3월/4월	Holy(Maundy) Thursday	성목요일
3월/4월	Good Friday	성금요일
3월/4월	påske	부활절
4월/5월	Stor Bededag	부활절 후 네 번째 금요일
5월 중순/하순	Ascension Day	예수승천일
5월/6월	Pinse(Pentecost)	오순절(성령강림절)
5월/6월	Pentecost	성령강림절 월요일
6월 5일	Grundlovsdag	제헌절
12월 24일	Juledag	크리스마스이브
12월 25일	Christmas Day	크리스마스
12월 26일	Boxing Day	박싱데이

이 중 가장 중요한 종교 축제와 공휴일은 다음과 같다.

【 전통 카니발(속죄절) 】

어린이들을 위한 종교 축제다. 아이들은 부활주일 전 일곱 번째 일요일에 의상을 갖추어 입고 번갈아가며 나무통을 내리치는 행위를 통해 이날을 기념한다. 원래는 나무통 안에 고양이를 넣어두었지만 현재는 이런 비인간적인 방식 대신 사탕을 넣어둔다. 이 축제는 1600년대 코펜하겐 지역이었던 아마게르 섬에 정착했던 네덜란드인으로부터 유래되었다고 알려져 있다.

【 부활절 】

덴마크도 다른 국가와 동일한 방식으로 부활절을 기념하는데, 한 가지 다른 점은 국기를 해질녘까지만 반기 게양한다는 것이다. 덴마크만의 색다른 전통은 갈란투스 꽃 모양의 편지지를 사용해 익명의 편지를 보내는 것이다. 편지를 받는 사람이 보낸 사람을 알아맞히거나 또는 아예 알아내지 못하도록 하는 시를 같이 적어서 보내는데, 이는 밸런타인데이 카드와 비슷하다. 최근 들어서는 덴마크 사람들도 밸런타인데이를 기념하기 시작했지만 여전히 꽃집이나 카드 제조사들의 잇속만 챙기는 상업적인 기념일이라고 생각한다.

【 기도의 날(부활절 후 네 번째 금요일) 】

부활절 후 네 번째 금요일을 기념하는 기도의 날은 1686년 여러 종류의 기도나 참회의 날을 대체하기 위해 제정했다. 기도의 날 당일 교회 예배가 있을 때까지 단식이 이어진다. 다른 종교 축제와 마찬가지로 이날도 여전히 국가 공휴일로 남아 있기는 하지만 종교적인 의미는 많이 퇴색되었다. 그러나 뜨거운 머핀을 먹는 전통은 계속해서 유지되고 있다.

【 오순절(성령강림절) 】

오순절 전 토요일에는 숲으로 소풍을 가는 전통이 있다. 이날에는 주요 도시에서의 카니발 등 많은 행사가 열린다. 오순절과 관련된 유명한 전설은 태양이 이날 아침 춤을 춘다는 것이다. 그러나 지금까지 태양의 춤을 실제로 목격한 사람은 없다.

【 제헌절 】

덴마크인들은 6월 5일 제헌절을 통해 1849년 헌법 제정을 기념한다. 제헌절이 되면 상점은 문을 닫고 학교는 휴교하며, 공공기관은 낮 12시에 업무를 마친다. 준정치적 행사가 국가 전역에서 열리고 정치인들의 연설, 밴드의 각종 공연이 펼쳐진다. 대체로 소풍이나 일반적인 파티 분위기라서 부모도 자녀를 동반해 이러한 행사에 참여한다. 이 중 가장 규모가 큰 행사는 코펜하겐의 펠레드 공원에서 열린다. 이런 자리에 빠질 수 없는 핫도그를 포함해 가벼운 식사나 맥주 식음도 가능하다.

【 세례 요한 축일(하지 축제) 】

원래는 이교도들이 하지를 기념하는 축제였으나 덴마크에서는 여전히 6월 24일이면 이날을 기념한다. 덴마크의 기독교 전파로 기념일의 명칭은 세례 요한 축일로 변경되었다. 저녁이면 곳

> ## • 정당한 거위 요리 •
>
> 투르의 선량한 시민들이 성 마르티노를 주교로 모시길 원한다는 말을 들었을
> 때 그는 주교직을 거절했다. 이러한 시민들의 부탁을 받고 싶지 않았던 성 마
> 르티노는 시민들을 피해 거위 무리 속으로 숨었다고 전해진다. 하지만 거위들
> 이 탁탁 소리를 내며 성 마르티노의 위치를 알려주었고, 강제로 끌려가게 되
> 었다. 이 때문에 많은 사람들은 당연히 거위를 이날의 전통 요리로 사용해야
> 한다고 생각한다.

곳에서 모닥불을 피우며 하지 축제의 밤을 기념하는 연설을
한다. 마지막으로 이날을 기념하는 노래를 부르며 행사를 마
무리한다.

【 모튼의 저녁(성 마틴제) 】

11월 11일은 원래 투르의 성 마르티노(336~397년)를 기념하
는 날이었다. 그런데 신교도인들이 11월 11일이면 마틴 루터
(1483~1546년)의 탄생을 기념했다(실제로 마틴 루터는 그보다 하루 앞선
11월 10일에 태어났다). 전통적으로 이날 저녁에는 구운 오리나 거
위 요리를 먹는다.

【 강림절 】

대림절 리스로 장식한 양초를 이용해 크리스마스 전 네 번의 일요일을 기념한다. 매주 일요일마다 양초를 하나씩 밝히고, 사람들은 작은 선물을 교환한다. 전통적으로 이날에는 '글루그'라고 불리는 멀드 와인(뱅쇼)을 마시고 설탕이나 잼과 함께 '에이블스키버'라고 불리는 케이크를 먹는다.

【 크리스마스이브 】

12월 24일 크리스마스이브는 1년 중 가장 중요한 축제의 날이다. 덴마크인은 크리스마스이브 저녁에 전통 음식을 먹는다. 메뉴는 설탕으로 볶거나 끓인 감자, 베이킹 사과나 붉은 양배

추를 곁들인 구운 오리나 돼지고기 요리로 구성된다. 이후 체리 소스와 잘게 썬 아몬드를 곁들인 차가운 라이스 푸딩을 후식으로 먹는다. 자르지 않은 아몬드 하나가 푸딩 속에 숨겨져 있고, 아몬드를 먹게 되는 행운의 주인공이 '아몬드 선물'을 받을 수 있는데, 선물로는 마지팬 피그(돼지 모양의 과자-옮긴이)를 건네는 풍습이 있다. 저녁식사 이후에는 크리스마스트리 앞에 모여 춤을 추거나 전통 노래를 부르고, 선물을 열어보는 시간을 갖는다.

크리스마스 시즌에 덴마크인이 만든 고유의 풍습은 크리스마스 런치다. 기독교 축제보다는 중세의 전통에 더 가까운 캐주얼한 행사로, 무엇보다 취중진담을 해볼 수 있는 좋은 기회다. 또한 평상시라면 눈살을 찌푸릴 수 있는 장난도 감행해볼 수 있는 날이기도 하다. 친구, 가족, 직장 동료 등과 갖는 행사이기 때문에 대부분의 덴마크 사람들은 이 기간에 아주 빡빡한 스케줄을 소화해야 한다.

덴마크인과 술

술, 담배 등에 대한 덴마크인의 태도는 스칸디나비아 사람들과는 정반대다. 술은 덴마크인의 삶 속에 깊숙이 들어와 있고, 가격이 비싸긴 하지만 구매도 쉽다. 덴마크 정부는 다른 스칸

디나비아 국가와 같은 보다 직접적인 통제 대신 과세의 형태
로 가격을 올려 술 소비를 억제하는 정책을 실시하고 있다. 그
결과 대부분의 덴마크인은 저렴한 맥주를 선호하고, 덴마크
사회에는 맥주를 마시는 문화가 뚜렷하게 자리 잡게 되었다.
덴마크인이 가장 좋아하는 증류주는 감자로 만든 스넵스와
향이 좋고 알싸한 감멜 덴스크로, 전통적으로 축하 행사나 가
족 행사가 있을 때면 감멜 덴스크를 자주 마신다.

　덴마크의 맥주는 단연 뛰어나다. 요즘은 소규모 양조장도
많아졌고, 칼스버그나 투보그에서 생산하는 훌륭한 맥주를 포
함하면 맥주에 대한 선택권이 대폭 증가했다. 흔히 칼스버그와
투보그가 라이벌 기업이라고 생각하지만 실제로 이 둘은 같은

· 주량 ·

외국인이 덴마크에서 주량을 시험해볼 수 있는 좋은 방법은 폴터아벤트(총각 파티 또는 브라이덜 샤워)에 참석하는 것이다. 덴마크에서 이러한 행사는 한밤중에 시작해 24시간 동안 계속된다. 개인적으로 참석했던 폴터아벤트도 심야에 시작해 아침 7시에 끝이 났다! 이날은 흥청망청 술을 마시는 것이 오히려 자연스러운 날이다.

회사에서 운영하고 있다. 두 회사는 덴마크인의 문화적·인문학적 삶에 많은 기여를 했고, 이는 코펜하겐 안데르센의 거리에 위치한 뉘 칼스버그 글립토텍 미술관 같은 건축들만 봐도 알 수 있다. 덴마크인은 상대방도 당연히 술을 잘 마실 거라고 기대하기 때문에 이들과 술을 마실 때는 페이스 조절을 잘 해야 한다. 알코올 문화 측면에서 불운한 스웨덴 사람들이 코펜하겐을 여행하면서 물 만난 고기처럼 술을 퍼마시는 행위는 덴마크인의 빈축을 사기도 한다.

다른 유럽 국가와 마찬가지로 덴마크도 2007년 공공장소에서 흡연을 금지하는 법을 도입했다. 이후 식당, 클럽, 대중교통, 직장 내에서의 흡연 또한 법으로 금지되었고, 예외적으로

$40m^2$ 이하의 바에서는 흡연이 가능하다. 최근에는 전자담배를 피는 사람들이 많아졌고, 주요 도시에 전자담배 상점이 우후죽순 문을 열고 있다.

가족 행사

덴마크에는 생일, 장례식, 결혼식, 기념일 등 다 같이 모여 기념할 만한 가족 행사가 많이 있다. 이 중 다른 것보다 더 많은 축하를 받는 행사가 있는데 바로 '동그라미' 생일이다. 이는 생일을 맞은 사람 나이의 끝자리 수가 0일 때를 의미하는 것으로, 특히 50세 생일부터 본격적으로 축하하는 행사다. 보통 주인공의 집에 행복을 비는 글귀들이 가득 적힌 커다란 배럴로 장식한 성대한 파티를 열고, 신문에도 생일 축하 광고를 싣는다. 동혼식이나 은혼식 같은 행사도 중요하다. 시골 지역으로 가면 행사의 주인공 커플뿐만 아니라 이웃들도 집에 깃발을 걸고 함께 축하한다. 부부의 지인들이 주인공의 집 밖에 아침부터 삼삼오오 모여 대문에 나뭇가지로 된 아치를 만들고, 부부의 침실 창문 쪽에서 세레나데를 부른다. 부부는 이 '깜짝'

손님들을 위해 정성껏 차린 아침식사를 대접한다. 행사가 저녁까지 이어진다면 친구들은 술을 마시며 함께 노래를 부르고, 축사를 주고받으며 즐거운 시간을 보낸다.

이러한 행사에 초대받는 행운을 얻었다면, 미리 알고 가야 하는 풍습이나 전통이 있으므로 유의해야 한다.

【 소개 】

초대받은 자리에 도착했다면 파티의 호스트가 사람들을 일일이 소개해줄 거라고 생각하지 말자. 덴마크 사람들은 알아서 서로 인사를 나누고, 상대방도 그렇게 하기를 기대하기 때문이다. 돌아다니면서 이 사람 저 사람과 인사하며 악수를 청하고, 자신을 소개할 때는 성을 제외하고 이름만 말하면 된다. 이렇게 기본 매너를 갖추어 소개하면 덴마크 사람들도 친절하게 응답할 것이다.

【 건배 】

아마 가장 중요한 부분은 '스콜', 즉 건배일 것이다. 덴마크 사람들은 가족 행사에서 꽤 자주 건배를 하는데, 건배에는 일정한 형식이 있다. 만약 건배를 제의하는 사람이라면, 일단 잔을 집어 들고 참석자 중 누군가와 눈을 맞춘 뒤 머리 높이로 잔을 들어올린다. 이후 건배를 같이 하고자 하는 다른 사람들이 함께할 때까지 잠시 기다린 후에 잔을 머리 높이보다 조금 더 높게 들어올리면서 '스콜!'이라고 외친 후 잔을 비운다. 가장 안전한 건배사는 파티 호스트를 위해 건배 제의를 하는 것으로, 좋은 매너이기도 하다. 건배 제의를 받았는데 따르지 않는 것은 최악의 매너.

덴마크 축제에는 노래가 빠질 수 없다. 대체로 파티 손님들 중 한 명이 널리 알려져 있거나 전통적인 멜로디를 따라 노래를 만들어낸다. 파티 노래들은 대부분 덴마크어로 만들어지기 때문에 덴마크어를 하지 못하는 게스트는 리듬에 따라 입모양만 움직이는 것도 하나의 방법이다. 덴마크인 그 누구도 외국인 손님이 덴마크 언어로 된 노래를 부를 수 있기를 기대하진 않는다.

종교

덴마크 인구의 약 75%가 루터복음교인 덴마크 교회(국민교회)

신도지만 정기적으로 교회를 가는 사람은 5% 미만이다. 교회는 정부의 관련 부처에서 재정 지원을 받는다. 덴마크 군주 또는 국가 원수만이 국민교회의 회원 의무를 지닌다. 덴마크의 국민교회는 덴마크 헌법에도 특별히 명시되어 있는데, 헌법 제4조에 따르면 '복음주의 루터 교회는 덴마크의 국가 교회이며, 국가의 지원을 받는다.'라고 되어 있다. 제66조에는 '국교의 설립은 법령으로 정한다.'라고 명시되어 있다. 이와 같이 덴마크의 교회와 정부는 특유의 공식적 관계를 형성하고 있다. 하지만 덴마크 교회가 국민의 삶에 미치는 영향은 크지 않다. 그도 그럴 것이 덴마크 사람은 평생 동안 총 네 번(세례, 입교, 결혼, 죽음)만 교회를 찾는다는 말이 있을 정도다.

덴마크 교회는 교회에서 운영하는 조직을 통해 국내외에서 활발한 자선사업을 하고 있다. 이러한 자선사업 외에 덴마크 교회는 덴마크 국민의 삶에서 순전히 의식적인 역할만을 담당하고 있다. 다수의 덴마크 국민들은 스스로를 크리스천이라고 생각하지만 종교활동에 활발하게 참여하는 예는 보기 드물다.

04

친구 사귀기

덴마크 사람들은 대체로 정중하고 친절하며, 외부인을 상대적으로 쉽게 받아들여 친해지기
쉽다. 덴마크인과 친해지는 데 가장 중요한 요소는 바로 언어에 대한 지식이다. 덴마크인과
친한 친구가 되기까지는 시간과 인내가 필요하지만 한번 친해지면 평생의 친구를 얻는 것과
다름없기 때문에 덴마크어를 배우는 수고에는 그만한 가치가 따라온다.

덴마크 사람들은 대체로 정중하고 친절하며 친해지기 쉽다. 또한 외부인을 상대적으로 쉽게 받아들인다. 덴마크는 다문화 사회이며 외국인을 환영하고 그들과 만나는 것을 좋아한다. 확실히 덴마크 현지인보다 외국인이 덴마크 사람들과 어울리기 더 쉬운 경우도 있다. 덴마크인의 직설적인 화법에만 유의한다면 그들과 친해지는 데 아무런 문제가 없을 것이다. 덴마크 사람은 햇살을 받으면서 주제에 상관없이 지인과 대화하는 것을 좋아하지만 깊은 속내를 보이기 꺼려하고 감정을 잘 드러내지 않는다. 진짜 마음이 맞는 친구들 사이에서만 속 깊은 이야기를 나누기 때문에 덴마크 사람이 깊은 이야기를 하게 된다면, 당신을 신뢰하고 좋은 친구로 여기고 있다는 뜻으로 이

해해도 좋다.

덴마크인과 친한 친구가 되기까지는 시간과 인내가 필요하다. 이들은 친구를 귀하게 여기고 항상 연락을 유지한다. 덴마크인에게 지인이나 친한 직장 동료가 많아 보여도 진짜 친하게 지내는 친구들은 소수다. 보통 어렸을 적(어린 시절, 중·고등학교 또는 대학교) 친구들과 우정을 계속해서 유지하는 경우가 대부분이다. 물론 직장에서 진정한 우정을 쌓는 사람도 있지만 예외적인 경우다. 덴마크인은 여럿이 만나는 것을 선호하는 경향이 있어서 지인들과의 약속 장소도 클럽인 경우가 많다. 보통 새로운 사람을 일대일로 만나는 것을 불편해하는 경우가 많아 이러한 만남을 자주 제안하지는 않는다.

덴마크인과 친해지는 데 가장 중요한 요소는 바로 언어에 대한 지식이다. 덴마크 사람들이 영어를 할 줄 알긴 하지만 오랜 시간 영어로만 계속 대화하는 것은 부담스러울 수 있고, 보다 깊은 관계로 발전시키는 데 방해가 될 수 있다. 덴마크 사람과 한번 친해지면 평생의 친구를 얻는 것과 다름없기 때문에 덴마크어를 배우는 수고에는 그만한 가치가 따라온다.

접대

덴마크 사람들도 외식을 하지만 비용이 많이 들기 때문에 집에서 손님을 맞이하는 것을 선호한다. 주말에 코펜하겐의 주택가를 거닐다 보면 창문으로 새어나오는 음악이나 파티 소리를 쉽게 들을 수 있다. 집에 정원이 있는 사람들은 여름이면 바비큐 파티를 열곤 한다. 개인파티는 대체로 편안하고 여유로운 분위기다. 드레스 코드는 캐주얼하게 준비하면 되고, 맥주나 와인 한 병 정도를 가져가는 것이 예의다.

만약 저녁식사에 초대되었다면, 파티 장소는 초대한 사람의

집일 경우가 대부분이다. 저녁식사는 보통 6시에서 8시 사이에 이루어진다. 혹시 파티 호스트에게 선물을 하고 싶다면 와인이나 꽃, 초콜릿 등이 적당하다. 일반적으로는 집에 들어서자마자 따로 집 구경을 하지 않고 바로 저녁식사 테이블에 앉게 될 것이다. 보통 호스트와 게스트는 테이블 양 끝에 마주보고 앉고, 주요 여성 게스트는 호스트의 오른쪽, 주요 남성 게스트는 왼쪽에 앉는다. 파티에서는 건배 제의(스콜!)가 자주 오간다.

파티의 전통적인 식사 메뉴는 생선이나 해산물 요리로 구성된 애피타이저, 샐러드를 곁들인 메인 고기 요리, 그리고 디저트 이렇게 세 가지 코스로 진행된다. 테이블에는 빵이 놓여 있고, 모든 코스에는 와인을 곁들인다. 여기에서 유의해야 할 식사 예절이 있다. 덴마크인을 포함한 대부분의 유럽인들은 요리를 먼저 나이프로 모두 자른 다음 나이프를 놓고 포크만 이용해서 먹는 미국식 스타일을 어린아이가 먹는 방식 같다고 여긴다. 그러니 식사를 할 때는 유럽 스타일로 포크와 나이프를 모두 사용해 먹는 것이 좋다.

식사 후에는 술을 마시면서 대화를 나눈다. 덴마크의 저녁 식사는 5~6시간이 되도록 끝나지 않을 수 있으므로 테이블에 앉아 꽤 오랜 시간을 보내야 한다는 점을 기억하자. 호스트나 다른 게스트가 테이블에서 일어나기 전에 먼저 자리를 뜨는 것은 무례해보일 수 있다.

자기소개하기

덴마크 사람들은 두 사람과 모두 안면이 있는 제3자가 서로를 소개시켜주기를 기다리기보다 자신을 직접 소개하는 편을 선호한다. 파티나 모임에서는 돌아다니면서 모든 사람과 악수하고, 눈을 쳐다보며 성을 제외한 이름만 소개하면 된다. 그렇게 하면 상대방도 비슷한 방식으로 자신을 소개할 것이다. 즉 첫 모임에서 최선의 자기소개법은 일단 만나는 사람에게 먼저 자신을 소개하고, 이후 모든 사람들이 도착하고 다른 사람들의 소개가 끝날 때까지 기다렸다가 본격적인 대화를 시작하는 것이다. 떠날 때도 모든 사람에게 차례로 인사를 해야 한다. 규모가 큰 모임이라면 일일이 하는 인사가 불필요하게 느껴질 수 있지만, 덴마크 사람들은 기척 없이 자리를 떠나는 것을 좋아하지 않기 때문에 헤어질 때도 인사는 꼭 필요하다.

회사로 전화를 걸었는데, 안내 데스크 직원이 예를 들어 "벤츤 씨는 지금 자리에 안 계십니다."라고 말하면서 "죄송하지만"이라는 사과를 덧붙이지 않는다고 무례하게 생각하지 말자. 덴마크인들은 자신이 어쩔 수 없는 일이나 사소한 일에 대해서는 사과가 필요하지 않다고 생각한다. 전화상으로 덴마크인은 보통 "Det er…"라고 말한 다음 이름을 이야기하면서 자신을 소개하는데, 이는 "저는…"이라는 뜻으로, 영어로 이야기할 때도 "It's…" 대신 "Det er…"라고 말하기도 한다. 하지만 외국인에게까지 이렇게 말하기를 기대하지는 않는다.

직장에서와 퇴근 후 사회생활

덴마크인은 스칸디나비아 민족 중 가장 사회적이다. 그들과는 대화를 시작하기 쉽고, 언제든 주제와 상관없이 토론을 할 수도 있다. 하지만 모든 대화에는 그에 맞는 때와 장소가 있고, 덴마크 사람들은 이러한 영역을 뚜렷하게 구분한다. 특히 공과 사를 확실히 분리하기 때문에 직장에서 사람들과 활발하게 어울리지는 않는다. 또한 일할 때는 시간이 가장 중요하기 때문에 기한 내에 업무를 완성하려면 동료와 잡담할 여유가 없기도 하다. 덴마크인의 이러한 성향은 비즈니스 협상 자리에서도 서로 소개하는 시간 없이 급하게 일을 처리하는 부작용

을 낳기도 한다. 덴마크 사람들은 협상의 일부라고 할 수 있는 상대측과의 관계 형성 과정을 낯설어한다.

길고 여유로운 점심시간 또한 덴마크인에게는 익숙지 않은 부분이다. 덴마크 사람들에게는 점심시간도 업무의 연장선이기 때문이다. 이들은 '맬파케', 즉 도시락을 싸와서 30분 정도의 시간 안에 급하게 점심을 해치운다. 가끔 회사 밖에서 먹기도 하지만, 이 경우는 대부분 고객 접대 때문이다. 많은 직장인들이 외근이나 출장 시에는 이동 중에 점심을 먹기도 한다. 코펜하겐 거리에서 한 손에는 서류가방, 다른 한 손에는 샌드위치를 들고 바쁘게 걸어가는 직장인들을 흔히 마주칠 수 있을 것이다.

짧은 시간이지만 덴마크 사람들에게는 점심시간이 신성불가침과도 같은 휴식이기 때문에 이 시간 동안 업무에 관련된 이야기는 나누지 않는다. 그러니 업무와 전혀 상관없는 이야기라면 몰라도 점심시간 중에는 덴마크 직장인에게 연락하지 않는 편이 좋다. 그렇다고 그들이 화를 내지는 않겠지만 꿀 같은 휴식을 방해한 데 대한 불쾌감을 느낄 것이다. 이는 덴마크인들의 '휘게'(115쪽 참조)를 방해한 꼴이기 때문이다.

회사에서 주최하는 모임이 아니고서야 덴마크 사람들은 퇴근 후 회식 등의 사회활동을 거의 하지 않는다. 또한 같은 회사에서 일하지 않는 이상 회사 주최 모임에 부부 동반으로 참석하는 일도 없다. 덴마크인의 공과 사는 확실히 구분되어 있기 때문이다.

어떤 옷을 입어야 할까?

'겸손'과 '어울림'은 덴마크 사람들이 중요하게 여기는 드레스 코드의 처음과 끝이라고 할 수 있다. 하지만 외국인에게는 이 드레스 코드가 정확히 무엇을 의미하는지 이해하기 어려울 수 있다. 덴마크인은 대체적으로 격식에 얽매이지 않는 편이지만 공식적인 모임이라면 때와 장소에 맞게 옷을 입어야 한다. 덴마크 지인의 은혼식에 참석하면서 오래된 청바지를 입고 운동화를 신을 수는 없으니 말이다.

덴마크 사회에서 계급구조는 거의 사라진 지 오래고, 의복 또한 사회적 혹은 직업적 위치를 나타내는 도구로 사용되지 않는다(일부 직군에 색과 관련된 드레스 코드가 존재하기는 한다. 예를 들어 정원사는 초록색이나 갈색 계열을, 도장공이나 벽돌공은 하얀색, 육체노동자들은 파란색을 입는다. 또한 예외적으로 코펜하겐 에너지사의 빨간 유니폼처럼 회사에서 제공하는 유니폼을 입는 경우도 있다).

직장 내에서의 복장 규율은 엄격하지 않다. 말쑥하고 깔끔하게만 입으면 된다. 비즈니스 정장은 보통 해외 기업의 대표 등을 만나는 경우에 입고, 이 경우에도 셔츠나 타이 정장보다는 넥타이를 매지 않고 어두운 계열의 터틀넥 스웨터를 선호한다.

덴마크인은 겨울에 모자를 착용하는 패션에 매우 관대하다. 덴마크 주요 도시의 거리를 걷다 보면 전체적인 패션에 그다지 어울리지 않는 매우 다양한 스타일의 모자를 보게 될 것이다. 추운 겨울과 칼바람을 피하기 위해 대부분 귀까지 덮는 모자를 착용한다. 관광객들도 겨울에 모자로 귀를 덮지 않으면 곧 두통으로 이어진다는 점을 명심하기 바란다.

동호회 가입

덴마크 국민은 조직활동을 좋아하고, 당연히 클럽이나 단체, 동호회 등의 멤버로 참여하는 것을 즐긴다. 아무리 독특한 취미를 가지고 있다고 해도 덴마크에서 해당 취미활동을 하는

동호회를 분명 찾을 수 있을 것이다. 동호회에 가입하면 덴마
크 사람들과 편안하고 친숙한 분위기에서 만나고 대화할 수
있다. 많은 동호회가 영문 인터넷 사이트를 운영하고 있다.

05

가정생활

영국인에게 집이 성과 같다면 덴마크인에게는 동굴과 같다. 덴마크인에게 집은 따뜻하고 편안하며, 바깥세상의 압력이나 스트레스로부터 도피할 수 있는 동굴이다. 도시 지역 사람들은 대부분 아파트에 거주한다. 아파트 임대는 덴마크 정부가 관리하고 있어서 비슷한 생활수준의 다른 유럽 지역보다 임대료가 저렴하다. 하지만 도시 지역은 프리미엄이 붙기 때문에 장기 여행을 준비하고 있다면 숙박 계획을 잘 세워야 한다.

주택

영국인에게 자신의 집이 성과 같다면 덴마크인에게 집은 따뜻하고 편안하며, 바깥세상의 압력이나 스트레스로부터 도피할 수 있는 동굴과 같다. 길고 어두운 겨울 동안 덴마크 사람들이 얼마나 오래도록 집 안에서 생활하는지를 살펴보면 덴마크에서 집의 중요성을 금방 파악할 수 있을 것이다.

도시 지역 사람들은 대부분 중앙 및 공용시설 등을 갖춘 안뜰이 있는 아파트에 거주한다. 덴마크 아파트에는 매매, 임

대, 공동소유 이렇게 세 가지 거주 방식이 있다. 이중 공동소유란 먼저 높은 선불금을 지급한 뒤 난방이나 다른 관리비 등을 포함하는 상대적으로 낮은 월세를 내는 방식을 말한다.

아파트 임대는 덴마크 정부가 관리하고 있어서 비슷한 생활수준의 다른 유럽 지역보다 임대료가 저렴하다. 하지만 도시 지역은 프리미엄이 붙기 때문에 장기 여행을 준비하고 있다면 숙박 계획을 잘 세워야 한다. 덴마크에도 한국의 부동산과 비슷한 역할을 하는 회사들이 많아 아파트에 관련된 문제에서 도움을 받을 수 있다.

휘게–덴마크인의 컴포트 존

집과 관련해서 자주 언급되는 중요한 용어는 '휘게'다. 영어로 이 단어를 정의하기는 쉽지 않아 대부분 '아늑한(cozy)' 정도로 번역한다. 하지만 휘게는 사람, 상황, 장소 등을 모두 아우르는 단어이기 때문에 단순히 아늑하다고 말하는 것은 적절하지 않다. 덴마크인에게 휘게는 친밀감, 휴식, 환영, 따뜻함, 친절함, 상냥함, 조화, 만족 등을 의미한다. 휘게를 제대로 이해하는 방법 중 하나는 어렸을 적 사랑하는 부모님이 따뜻하게 안아주던 느낌을 떠올리면 된다.

덴마크의 집은 첫째도 휘게요 둘째도 휘게다. 이는 모든 덴마크 사람들이 이루고자 하는 이상적인 목표이기도 하다. 연장선상에서 덴마크의 주택이나 아파트는 단열처리가 무엇보다 뛰어나고 이중창문과 훌륭한 난방시설을 갖추고 있다. 또한 휘게 분위기를

조성하기 위해 가정뿐만 아니라 식당이나 카페에서도 양초를
두루 활용한다.

덴마크 디자인

클래식한 덴마크의 디자인은 매우 아름답다. 하지만 미적 우
수성과는 별개로 아름다움만을 추구하지는 않는다. 덴마크 사
람들은 보통 디자인을 문제 해결의 한 과정으로 여긴다. 디자
이너라면 디자인의 전체적인 관점과 기능적인 측면을 놓치지
않으면서도 문제를 해결할 수 있는 가장 단순한 방법을 찾아

야 한다. 이러한 요소가 덴마크 디자인의 기준이라고 할 수 있다. 디자인 솔루션은 가능한 한 단순하고 자연스러워야 하며, 비용이나 환경적인 측면도 고려해야 한다. 디자인의 목적은 사용자와 디자인 사이의 조화를 이루어 사용하기도 쉽고 미관상의 아름다움을 추구하는 것이다. 즉 덴마크 디자인의 본질은 스타일이나 유행에 있다기보다 디자이너의 가치관과 디자인의 목적이 반영된 결과이자 표현이라고 할 수 있다. 이러한 접근 방식으로 덴마크 디자인은 군더더기 없이 깔끔하게 흐르는 정제미를 갖추고 있다.

하지만 덴마크 고유의 디자인 제품은 매우 고가이기 때문에 덴마크 사람들은 잘 알려진 스웨덴 가구 브랜드 이케아를 애용한다. 스칸디나비아의 디자인과 합리적인 가격의 조화라는 장점을 무시할 수 없기 때문이다. 하지만 덴마크인은 얀테의 법칙을 어겼다는 비난을 사지 않도록 품질이 좋다는 핑계로 지출을 정당화해가면서 유명한 덴마크 디자이너의 제품을 구매하기 위해 노력하기도 한다.

실내에서 신발 벗기

덴마크 사람들은 집 안에서 주로 신발을 벗고 지내는데, 여기에는 두 가지 이유가 있다. 첫 번째 이유는 말 그대로 신발을 신으면 집이 바깥 먼지로 더럽혀지기 때문이다. 두 번째 이유는 덴마크 가정집의 바닥은 대부분 나무로 되어 있어서 하이힐이나 딱딱한 신발이 바닥에 흠집을 낼 수 있기 때문이다. 많은 사람들이 다른 집을 방문할 때 부드러운 실내화를 가지고 다니는 이유도 여기에 있다.

집에 초대받았다고 해서 당연히 집안 곳곳을 구경할 수 있을 거라고 기대하는 것은 금물이다. 덴마크인은 본래 사생활을 중요시하고, 집은 그들 사생활의 중심이 되는 공간이다. 그렇기 때문에 집에 방문하면 안내받은 곳에만 머물러 있어야 한다. 초대한 사람이 원한다면 자연스럽게 집 구경을 시켜줄 수도 있다. 하지만 손님이 먼저 여기저기를 둘러보고 다니는 행동은 금물로, 그렇게 한다면 두 번 다시 홈파티에 초대받지 못할 수도 있다.

덴마크인의 집을 방문하면 발견할 수 있는 몇 가지 특징이 있다. 예를 들어 주방에서 볼 수 있는 쓰레기통은 보통 검정색과 초록색 이렇게 두 가지로, 싱크대 아래 선반 쪽에 놓여 있다. 검정색 쓰레기통은 일반쓰레기용, 초록색은 재활용을 위한 것이다. 또 다른 신기한 점은 제한적인 샤워 공간이 만들어낸 스칸디나비아의 샤워 시스템이다. 기본적으로 화장실 자체가 샤워룸이 되는 형태이고, 물은 막혀 있는 화장실 바닥을 통해 배수구로 빠진다. 샤워를 할 때는 샤워커튼을 쳐서 물이 튀는 것을 방지해야 한다.

빅 브라더가 지켜준다

덴마크는 '요람에서 무덤까지'로 상징되는 국가 지원 의료복지 시스템으로 유명하다. 덴마크 정부는 국민이 태어난 순간부터 죽는 순간까지 모든 일상에 존재한다. 대부분의 덴마크인은 국립병원에서 아이를 출산하고, 병원은 산모와 아기의 의료비를 지원하고 있다. 갓 부모가 된 사람들이 제대로 준비할 수 있도록 정부에서 다양한 지원을 하고, 이를 통해 부모가 아이와 충분한 시간을 보낼 수 있는 기회를 제공한다.

생후 6개월이 되면 어린이집에 등록할 수 있고, 이곳에서 덴마크의 교육 스타일 가운데 흥미로운 점은 평생학습에 대한 열정이 높다는 것이다. 이는 덴마크의 교육자 그룬트비의 '민중의 자기계발'이라는 개념에서 유래했다. 평생학습의 목적은 삶의 의미를 해석하고 탐구하는 데 있다. 일반적으로 교육의 본질은 가르침에 있지만 평생학습 과정은 하나의 개별 과목에만 집중하지 않고 시험도 보지 않는다. 이러한 교육 시스템은 지방정부를 통해 중앙정부의 지원을 받으며 야간 학교, 스포츠 동호회, 청년협회, 클럽 등에서 평생학습 과정을 운영한다.

민중의 자기계발 기본 원칙에는 학습 주제 선택의 자유, 보편적 접근성, 자유로운 커리큘럼, 교사 선택의 자유가 있다. 지방에서는 특수 민중고등학교에서 평생학습 과정을 운영한다. 이러한 특수학교는 학생들에게 기숙사를 제공하고 요리, 설거지, 청소 등의 일을 함께 하도록 되어 있다. 자치교육 기관이고, 학생 수를 기준으로 정부의 보조금을 받는다.

부모가 일하는 시간 동안 아이를 돌봐준다. 3세부터 초등학교에 입학하는 6세가 되기 전까지는 유치원에 다닌다. 어린이집과 유치원은 대개 정부 지원으로 운영된다. 일각에서는 아이들이 제도에 길들여진다는 이유로 이러한 육아 정책에 의문을 제기하기도 한다. 확실히 정부 지원 육아 시스템으로 가치관이 획일화될 가능성이 높다는 데는 모두가 동의하고 있다.

덴마크의 아이들은 6세에 공립초등학교 또는 국가 전역에 있는 사립학교에 입학해서 16세가 될 때까지 초등 및 중등교육을 받는다. 초·중등교육은 덴마크 국민 모두에게 적용되는 의무교육이다. 아이가 사립학교에 다닌다면 공립학교와 사립학교 학비의 차액만 지불하면 되고, 나머지 금액은 정부가 지원한다. 초등학교를 졸업하면 학생들은 고등학교에 진학할지 직업교육 기관으로 갈지 결정할 수 있다.

고등학교 졸업은 덴마크인들에게 중요한 행사로 졸업식이 끝난 뒤에는 학우들과 파티를 연다. 덴마크의 특별한 졸업 행사 중 하나는 졸업생들이 전통대로 꾸며진 트럭이나 트레일러를 타고 주변 지역을 순회하는 것이다. 이후 졸업생 친구들의 집을 일일이 방문하면서 부모님들이 주는 음식과 술을 먹고, 학생들만의 파티 장소로 향한다.

고등학교를 졸업한 덴마크 학생들은 대학에 진학할지 다른 형태의 교육기관으로 갈지 선택하게 된다. 어떤 경우든 정부의 교육 보조금을 받을 수 있고, 이를 통해 공부하는 동안 매월 생활비를 지원받는다. 모든 덴마크인이 이 보조금을 받을 수 있고, 자산 수입 조사 절차도 거치지 않는다. 앞서 이야기한 학생들의 학교 입학 또는 졸업 연령은 이론적으로 봤을 때의 최소 연령이라는 점을 알아두어야 한다. 대부분의 학생들은 갭이어를 갖거나 교육 프로그램을 중간에 변경하는 경우가 있어서 앞서 언급한 기준 연령보다 나이가 많다.

군 복무

덴마크 남성이라면 잠시 배움을 중단해야 하는 경우가 있는데, 바로 군 복무 때문이다. 헌법 제81항에 따라 덴마크의 모든 남성은 18세가 되면 군 입대를 해야 한다. 입영통지서를 받으면 정신감정 및 신체검사 절차를 거쳐 입영 가능 여부를 승인받는다. 군 복무기간은 최대 14개월이다. 군 입대로 인한 휴직은 덴마크 법에 의해 보호되며, 군 복무를 마치면 다시 복직할 수 있도록 보장된다. 또한 교육과정이 끝날 때까지 입대를 연기할 수도 있다.

결혼

덴마크 사람들은 적당한 시기가 오면 결혼해서 정착하고 싶어 한다. 미국의 결혼식이나 피로연처럼 결혼식을 성대하고 호화롭게 치르지는 않더라도 인생의 한 통과의례로서 중요한 가족 행사로 기념하고 있다. 덴마크는 1989년 세계 최초로 동성결혼을 인정한 국가로, 이성결혼과 동등한 합법성을 부여한다. 하지만 덴마크 교회는 동성결혼을 완전히 인정하지는 않고 있다.

하객으로서 미리 알고 가면 좋은 결혼식 전통이 있다. 덴마크 결혼식에 가면 식전에 신부대기실 앞에 미리 설치된 환영 아치(소나무 가지로 만든 아치 형태의 구조물)를 볼 수 있을 것이다. 식당일에 볼 수 있는 재미난 전통도 있다. 피로연을 하는 동안 신랑이 자리를 비우면 남자 하객들은 모두 자리에서 일어나 줄을 서서 신부의 볼에 키스한다. 신랑이 돌아오고 다시 신부가 자리를 비우면 모든 여자 하객들이 똑같이 신랑의 볼에 키스한다. 하객들이 다 함께 바닥을 발로 구르면 신랑과 신부는 한 번은 테이블 위에서 (보통 의자 위에 올라서서) 한 번은 테이블 아래로 들어가 키스를 해야 한다. 또한 하객들이 잔을 두드리면 신혼부부는 다시 한 번 키스를 나누어야 한다! 만약 한 사람이 혼자서 잔을 두드린다면 이는 잠시 주목해달라는 신호다. 식사가 끝나면 하객들이 신랑 주위에 모여 신발을 벗긴 뒤 가위로 신랑의 양말이나 타이를 자르는 풍습도 있다. 신랑 신부가 전통 결혼식 왈츠에 맞추어 춤을 추면, 하객들이 주변에 원을 그리며 둘러선다. 계속 춤을 추면서 하객들은 신랑 신부가 춤을 출 수 없을 정도로 가깝게 원을 좁혀간다. 이 댄스 의식은 자정을 넘기기 전에 이루어진다.

덴마크의 전통 웨딩케이크는 설탕으로 정교하게 장식한 마지팬 링 케이크로 코르누코피아(유럽 장식 도안의 하나. 일반적으로 꽃과 과일로 가득 찬 뿔의 모습으로 표현됨-옮긴이)로도 알려져 있다. 마지팬 링 케이크는 신선한 과일과 사탕, 아몬드 케이크로 만든다. 신랑 신부가 함께 케이크를 자르고, 액운을 털어내기 위해 모든 하객이 케이크를 나누어 먹는다.

물론 모든 덴마크인이 결혼하는 것은 아니다. 대부분 동거를 하기 때문이다. 또한 앞서 살펴보았듯이 덴마크 사람들은 영어로 이야기할 때 동거하고 있는 파트너를 아내 또는 남편이라고 말하기 때문에 이러한 단어 사용이 반드시 결혼을 암시하지는 않는다는 점을 염두에 두어야 한다.

주택시장

덴마크 도시 지역은 주택 가격이 높고, 도시에 거주하는 사람들은 대개 아파트에 살고 있다. 교외 지역의 주택 형태는 대부분 주택단지로 되어 있다. 2008년 금융위기로 주택 가격이 급락한 이후 최근 몇 년 사이 다시 한 번 급격하게 상승했다. 현재 치솟는 집값 때문에 덴마크 가정은 맞벌이를 할 수밖에 없는 실정이다. 도시와 지방의 집값은 극명한 차이를 보이지만 코펜하겐과 같은 대도시 주변의 해안가 지역 주택 가격은 도시 지역과 거의 동등하게 형성되어 있다.

쇼핑

덴마크 사람들은 정해진 비용으로 최상의 결과를 얻는 것을 좋아하고, 이는 자연스럽게 쇼핑 습관에도 반영된다. 대부분은 네토나 독일 기업 알디와 같은 대중적인 대형 슈퍼마켓 체인점에서 장을 본다. 두 기업 모두 '가격에 합당한 가치'에 기반을 두어 불필요한 서비스를 제공하지 않는다. 간접비를 줄

이기 위해 최소한의 서비스만 제공하기 때문에 가격이 합리적이다. 이야마 체인으로 대표되는 프리미엄 슈퍼마켓도 있지만 고급 식재료를 선호하는 사람들이 주로 찾는 곳이다. 미국과 비교했을 때 덴마크 슈퍼마켓에서 최상의 서비스를 기대하기는 힘들다. 이는 덴마크의 인건비가 높을 뿐만 아니라 간접비를 줄여야 치열한 경쟁 시장에서 살아남을 수 있기 때문이다. 덴마크의 어떤 상점에서도 새치기는 용납되지 않는다. 관광객들은 이 점을 명심하고 자신의 차례를 기다려야 한다.

상점의 영업시간은 원래 정부의 규제를 받았지만 2012년 10월 1일부터는 원하는 점주에 한해 24시간 상점을 열 수 있도록 법을 개정했다. 예외적으로 공휴일에는 휴점해야 하며, 크리스마스이브나 새해 전날에는 오후 3시 이후 문을 닫아야 한다. 단 매출액이 3,220만 크로네(대략 56억 원) 미만인 상점은 연중무휴로 영업할 수 있다.

직장

덴마크인들에게 직장과 가정생활은 완벽하게 분리되어 있으며, 이 두 영역이 겹치는 경우는 거의 없다고 할 수 있다. 덴마크 회사의 업무시간은 오전 8시부터 오후 4시까지다. 대부분의 보육시설이 오후 5시까지만 운영하기 때문에 부모들은 최대한 야근을 피하려고 한다. 하지만 부분적으로 재택근무가 허용되는 회사도 많고, 자녀가 있는 직장인들은 아이들을 모두 재운 밤 시간에 남은 업무를 처리하기도 한다.

덴마크 직장인 대다수의 근무시간은 오전 8시에 시작해 오후 4~5시에 끝나고, 12시 즈음 30분 정도의 점심시간을 갖는다. 또한 오전 10시쯤 15분 정도 커피를 마시며 휴식시간을 갖는다. 주 37시간 근무하며, 드물긴 하지만 초과근무가 아예 없지는 않다. 직장인이라면 누구나 5주의 유급 휴가를 사용할 수 있고, 이는 휴일임금법으로 규제된다. 따라서 이보다 적은 휴가를 제공하는 근무조건으로 계약하는 것은 불법이다. 휴일임금법에 따르면 모든 고용인은 5월 1일에서 9월 30일 사이 3주 연속 휴가를 사용할 수 있다. 남은 휴가는 1년 중 자유롭게 사용할 수 있지만 한 번에 최소 5일 이상 사용해야 한다.

부모에게는 총 52주의 출산 및 육아휴가가 주어진다. 여성은 출산 전 4주, 출산 후 14주를, 남성은 아이 출생 후 14주 동안 2주의 휴가를 사용할 수 있다. 이후 부모는 남은 32주를 서로 어떻게 사용할지 결정한다. 입양 부모는 자녀를 입양한 후 48주의 육아휴가를 받는다. 자녀가 아파서 직장을 쉬어야 한다면 첫날은 유급휴가가 가능하다.

법에 따라 고용이 확정되면 한 달 내로 고용인에게 계약서를 전달해야 한다. 계약서에는 출산 및 육아휴가, 병가, 연차 지급을 포함하는 급여조건, 근속 보너스, 커미션, 연금, 근무시간, 휴가, 통보기간, 초과근무 수당, 업무 영역 정의, 정확한 직책이 명시되어 있어야 한다. 보통 3개월의 수습기간이 지났다면 고용주는 3개월 전에 해고 통지를 해야 하고, 고용인은 한 달 전에 퇴사 의사를 전하면 된다.

덴마크인의 일상

덴마크 사람들은 일찍 일어난다. 아이들을 어린이집이나 학교에 데려다주고 8시까지 출근을 해야 하기 때문이다. 아침은 시리얼이나 오트밀 죽, 버터를 바른 빵에 햄이나 치즈 등 차가운 토핑을 올려서 먹고 커피, 차, 과일 주스 등을 곁들인다. 이후 보통 6시에 여는 어린이집(어린이집에서 아침을 제공하기도 한다)에 아이들을 데려다준다. 초등학생 이상 자녀들은 8시까지 학교에 데려다주면 된다.

아이든 어른이든 할 것 없이 대다수 덴마크 사람들은 점심으로 도시락을 챙겨간다. 부모는 어린이집 또는 초등학생 이상 학생들을 대상으로 하는 방과후센터(아이들은 선생님의 지도하에 다양한 활동에 참여할 수 있다)에 저녁 6시까지 아이들을 데리러 가야 한다. 보통 5~7시 사이에 저녁식사를 하는데, 저녁은 가족 모두가 모여 하루 일과를 이야기하는 중요한 시간이다. 식사 후 다음 날 점심 도시락을 준비하기 전까지 몇 시간 정도 휴식을 취하고, 주중에는 다음 날을 준비하기 위해 대체로 일찍 잠자리에 든다.

별장

덴마크 가족 전통 중 또 하나 빼놓을 수 없는 것이 바로 별장이다. 덴마크 사람들은 자국에서 가족과 함께 여름휴가를 보내는 것을 좋아한다. 비용을 절감할 수 있고, 언어도 같아 편리하며, 훼손되지 않은 청정한 시골 지역을 만끽할 수 있기 때문이다. 이러한 이유로 덴마크 사람들은 별장에 투자하는데, 별장 건축에는 보통 목재를 사용하고 규모는 아담하며 정원도 갖추고 있다. 법적으로 덴마크 별장은 다른 부동산과는 다르게 간주되며, 세금도 일부만 적용된다. 따라서 외국인의 별장 구입은 금지되어 있다. 덴마크 사람들은 몇 주간 지내는 기간을 제외하고는 내내 별장을 사용하지 않는다. 인기 있는 여름 휴양지에는 대부분 별장 단지가 조성되어 있다.

06

여가생활

스칸디나비아 민족 중 가장 외향적인 덴마크 사람들은 친구나 지인들과 함께하는 시간을 좋아하고 새로운 사람과의 만남도 꺼리지 않는다. 그러나 기억해야 할 점은 타인의 사생활을 존중한다는 것이다. 돼지고기 요리는 덴마크의 국민음식이라고 해도 과언이 아니어서 전 지역 여러 식당에서 다채로운 돼지고기 요리를 선보인다. 또한 발레 또는 오페라 공연 같은 문화를 특정 사회집단의 전유물이라고 생각하지는 않아 관람료도 비교적 합리적이다.

스칸디나비아 민족 중 가장 외향적인 덴마크 사람들은 친구 및 지인들과 함께하는 시간을 좋아하고 새로운 사람과의 만남도 전혀 꺼리지 않는다. 그러나 항상 기억해야 할 점은 덴마크 사람들은 타인의 사생활을 존중한다는 것이다. 그렇기 때문에 그들과 친해지려면 먼저 다가가 인사를 건네는 것이 좋다. 그렇지 않으면 상대방이 혼자 있는 시간을 좋아한다고 생각할 수 있다. 그러나 덴마크인은 관광객, 특히 외국인 관광객을 환영하기 때문에 크게 걱정하지는 않아도 된다.

덴마크 사람들은 술이 인간관계에서 윤활유 같은 역할을 한다고 생각한다. 그 윤활유로서 가장 사랑받는 술은 맥주이

며, 덴마크인은 덴마크가 세계에서 가장 맛있는 라거를 생산한다는 자부심을 지니고 있다. 대부분의 바나 카페에서는 다양한 종류의 맥주를 판매하고 있으며, 이 가운데 칼스버그와 투보그가 가장 인기 있다. 공공장소에서의 음주 소란은 어느 정도 선까지는 용납이 되고 특히 외국인들이 소란스러운 경우, 정도가 심하지 않다면 참고 넘기는 편이다. 하지만 그 외국인이 스웨덴 사람이라면 이야기가 달라진다. 반면 덴마크 사람들은 음주운전 등 음주로 인한 위법 행위에 매우 엄격하다. 관광객이라고 해서 이해하거나 관계당국이 선처해주는 경우는 없기 때문에 유의해야 한다.

태양을 따라서

덴마크의 추운 북부 기후로 인해 햇볕이 내리쬐는 따뜻한 지역이 여름 휴양지로 인기가 많다. 매년 여름이면 마치 영양 무리가 따뜻한 남쪽 지방으로 대거 이동하는 것처럼 덴마크 사람들도 캠핑카를 타고 국경을 넘어 따뜻한 곳을 찾아 떠난다. 겨울철 휴가 시즌이면 덴마크의 여행사들은 겨울에도 따뜻한 보다 이국적인 나라로 덴마크 사람들을 안내하기 바쁘다. 겨울 스포츠로 스키도 인기가 많아 스웨덴, 프랑스, 오스트리아 등으로 스키 여행을 떠나기도 한다.

서비스

덴마크의 서비스는 스칸디나비아의 기준에 따르면 적정한 수준이지만 미국의 서비스 기준에는 미치지 못할 수 있다. 관광객들은 손님에게 그다지 친절하지 않은 상점 직원들에 당황할 수 있는데, 기억해야 할 점은 덴마크는 평등함을 강조하는 국가라는 것이다. 덴마크인은 누군가를 하대하거나 지위가 불평등한 상황을 본능적으로 싫어한다. 따라서 미국에서 받을 법한 친절한 서비스와 비교하면 다소 부족할지 몰라도 나름대로 효율적인 서비스를 제공하고 있다.

은행과 환율

덴마크의 화폐단위는 크로네다. 24시간 ATM 기기에서 대부분 신용카드를 사용할 수 있고, 영어 서비스도 제공된다. 은행은 월요일부터 금요일에는 오전 10시~오후 4시까지, 목요일에는 오후 5시까지 영업한다. 주말과 공휴일에는 영업하지 않는다. 또한 은행은 번호표 시스템을 통해 차례대로 고객을 응대한다. 먼저 기기에 'kasse'라고 적혀 있는 버튼을 누르고, 번호표를 받아서 자신의 차례를 기다리면 된다.

대부분의 상점에서 신용카드를 사용할 수 있지만 상점에 비자카드 마크가 달려 있다고 해서 모든 카드가 사용 가능한 것은 아니다. 덴마크에서 발행한 비자카드만 받는 가게도 있기 때문에 이용 전에 미리 확인해야 한다. 일부 상점에서는 아메리칸 익스프레스 카드도 사용 가능하다. 여행자수표는 사용

이 불가능한 상점이 훨씬 많아 은행에서 미리 현금으로 교환
해두는 것이 좋다.

외식

카페에서는 술, 커피, 차, 음식 등을 시간대에 상관없이 즐길
수 있다. 바에서 커피는 주문하면 가능할 수 있지만 주로 술을
파는 곳이기 때문에 먹을거리가 없는 경우가 많다. 돼지고기
요리는 덴마크인의 국민음식이라고 해도 과언이 아니어서 전
지역 여러 식당에서 다채로운 돼지고기 요리를 선보인다. 대도

· 팁 문화 ·

덴마크는 종업원이 생계를 유지하는 데 팁에 의지하지 않도록 최저임금이 보장되어 있어 팁은 따로 필요 없고 종업원도 기대하지 않는다. 또한 대부분의 바, 레스토랑, 카페는 15%의 봉사료를 포함해 가격을 책정한다. 덴마크인들은 종업원이나 호텔의 서비스가 매우 만족스러웠을 때만 팁을 준다. 팁을 지불하고 싶다면 최종 금액의 10~15% 또는 간단히 가격을 올림해서 지불하는 것이 적당하다.

시의 식당에서는 덴마크 전통 음식뿐만 아니라 다른 나라의 다양한 요리도 맛볼 수 있다. 덴마크에서는 보통 메뉴에 나와 있는 요리 외에 조금이라도 다른 음식을 주문하기가 어렵다. 이미 자리를 잡은 레스토랑들은 대부분 정해진 대로만 요리해서 메뉴에 나와 있는 음식만 주문이 가능하다.

레스토랑이나 카페에 아이를 동반하는 것은 어렵지 않고, 대부분 어린이가 앉을 수 있는 높은 의자를 구비하고 있다. 식당에서는 아이들이 보편적인 상식에 맞게 행동하도록 주의가 필요하다. 예를 들어 뜨거운 음식을 옮기는 사람들과 부딪히지 않도록 식당에서 뛰어다니는 행동은 자제시켜야 한다.

매력적인 덴마크인-건강과 운동

거리를 걷다 보면 덴마크 사람 대부분이 균형잡힌 몸매를 가지고 있다는 것을 금방 알아차릴 수 있다. 헬스클럽에는 회원들이 많고 조깅하는 사람도 쉽게 볼 수 있다. 이렇게 건강을 챙기지만 술이나 담배에 대해서는 관대한 덴마크인이 보는 사람의 입장에서는 의아할지도 모른다. 탄탄한 몸매를 가지고 있는 젊은이들이 헬스클럽에서 나와 담배를 피우고는 헬스가방을 어깨에 메고 다시 걸어가는 모습을 심심치 않게 발견하게 될 테니 말이다. 이에 대한 설명을 하자면, 대다수의 사람들은 담배와 운동은 별개라고 생각한다. 즉 담배를 피운다고 해서 운동으로 건강을 관리하는 일을 그만두어야 한다고 생각하지는 않는다. 그리고 솔직히 말해서, 실제 건강보다는 외적인 모습에 더 신경을 쓰고 있기 때문이라고도 할 수 있다.

덴마크 사람들은 먹을 것에 신경을 많이 쓴다. 주요 슈퍼마켓 체인점에는 유기농 코너가 마련되어 있고, 도시 지역 거주자들은 유기농 식품을 더 선호하는 경향이 있다. 농림식품부가 유기농 인증 절차를 담당하고 있고, 'økologisk'를 의미하는 'Ø' 마크가 부착되어 있다. 이는 정부의 인증을 받은 유기농 제품이라는 뜻이다. 국제적으로도 덴마크 사람들은 유기농 제품을 가장 선호하는 소비자에 속한다. 덴마크의 전체 음식 시장에서 유기농 음식 판매가 차지하는 비율은 13.3%로, 전 세계에서 가장 높은 수준이다. 또한 덴마크의 인구 중 51.4%, 즉 절반 이상이 매주 유기농 음식을 구매한다.

국민 스포츠와 취미

높은 TV 시청률을 보이는 덴마크의 국민 스포츠는 단연 축구 와 핸드볼이다. 특히 많은 덴마크 사람들은 게임 시청에 더해 축구경기를 직접 하는 것도 좋아한다. 국내 팀은 FC 코펜하겐 과 브뢴드비로 코펜하겐 광역권을 연고지로 하고 있다. 국제적 으로는 1984년 유럽 챔피언스 리그에서 달성한 기록이 최고 성적이지만, 국제경기에서 늘 선전하고 있다. 또한 많은 덴마크 선수들이 유럽이나 영국의 명문 축구클럽에서 활동하고 있다. 핸드볼의 경우, 덴마크 팀이 정상을 독점하고 있다. 남녀 핸드 볼 팀 모두 세계선수권대회나 올림픽 경기에서 여러 차례 우 승을 거두었다.

덴마크는 사이클링의 국가라고 해도 과언이 아니다. 사이클링 경기에서도 덴마크 선수들은 뛰어난 성적을 기록하고 있다. 덴마크 사이클링팀 CSC가 유명한 투르 드 프랑스의 팀 경기에서 우승한 적도 있다. CSC 팀을 이끌었던 비얀 리스는 투르 드 프랑스의 개인경기 우승자이기도 하다.

문화

덴마크 왕립발레단은 세계적인 발레단으로, 고전발레 작품이나 현대발레 해석을 통해 덴마크 왕립극장(코펜하겐 중심부의 콘겐스 뉘트로브 광장에 위치)에서 정기공연을 펼친다. 덴마크에서 발레 관람은 생각만큼 거창하지 않다. 덴마크 사회 전반에 영향을 미치는 얀테의 법칙이 예술의 영역에서도 예외는 아니기 때문이다. 공연 관람에 필요한 드레스 코드가 엄격하지는 않지만 말끔하고 단정한 옷차림이 좋다.

일반적으로 덴마크 사람들은 다른 나라들처럼 고급문화를 특정 사회집단의 전유물이라고 생각하지 않는다. 누구나 발레 또는 오페라 공연을 관람할 수 있고(코펜하겐에는 오페라하우스도 있

다), 티켓 가격도 합리적이다. 따라서 인기가 많은 작품은 미리 예매하는 것이 좋다.

　　루이지애나 현대미술관은 인상적인 조각 및 회화 소장품과 특별전 프로그램으로 유명하다. 외레순 해협이 내려다보이는 해안가에 위치한 미술관은 건축물 자체만 관람하기에도 좋다. 코펜하겐 중심부에서 기차로 1시간 30분밖에 걸리지 않기 때문에 당일 여행으로 적당하고, 덴마크 고유의 미술, 건축, 자연의 조화를 감상하기 위해 꼭 가봐야 하는 곳이다.

【 축제 】

덴마크에는 인기 있는 음악 축제가 많은데, 이 중 가장 규모

가 크고 유명한 축제는 매년 7월에 개최되는 로스킬레 페스티벌이다. 이는 스칸디나비아 반도에서 가장 큰 록 페스티벌이기도 하다. 세계적인 뮤지션들이 공연하고, 약 일주일 동안 축제가 이어진다. 유럽 전역에서 관객들이 캠핑 지역에 텐트를 치고 페스티벌에 참여한다. 과거 수많은 취재진과 인파로 관객이 사망하는 비극적인 사고가 발생한 뒤 언론의 혹평을 받기도 했다. 이후 안전을 강화했고, 페스티벌은 승승장구하며 국내외 정상급 가수와 밴드들의 공연이 이어지고 있다.

코펜하겐 재즈 페스티벌은 7월 초 2주에 걸쳐 진행되며 스칸디나비아의 재즈 페스티벌을 이끌고 있다. 축제기간 동안 코펜하겐의 공연장뿐만 아니라 길거리에서도 재즈 공연을 관람

할 수 있다. 덴마크 주요 도시에서는 라이브 공연도 인기가 많다. 팝, 록, 재즈, 컨트리 뮤직, 서부 음악 등 음악적 취향이 무엇이든 상관없이 관련 공연장을 쉽게 찾을 수 있을 것이다.

【 영화 】

덴마크의 영화산업은 정부 지원을 받고 있다. 덴마크어는 많은 사람들이 사용하는 언어가 아니기 때문에 정부 보조금 등 재정 지원이 없으면 산업 자체만으로 살아남기가 쉽지 않다. 하지만 국제영화제에서 주목할 만한 성과를 낸 적도 있고, 오늘날 가장 유명한 감독으로는 라스 폰 트리에가 있다. 트리에는 덴마크 현대 영화 역사에 한 획을 긋는 '도그마 운동'(상업영화에 반기를 들고 영화의 순수성을 회복하고자 하는 영화제작 운동-옮긴이)을 시작한 영화감독 중 한 명이기도 하다. '도그마' 영화로 인정받으려면 인공적인 조명이나 배경음악을 포함하는 특수효과를 사용해서는 안 되고, 출연 배우는 자신이 직접 소유하고 있는 의상만 입어야 한다. 도그마 운동은 덴마크 내에서는 꽤 유명했지만 세계적인 주목을 받지는 못했다.

최근에는 덴마크의 TV 시리즈가 해외에서도 인기를 끌고 있다. 〈킬링〉 같은 경우 미국의 대형 제작사가 덴마크 드라마의 판권을 구매해 리메이크하기도 했다. 영국에서는 덴마크나 스웨덴의 드라마 시리즈가 인기를 끌면서 비공식적이지만 새로운 장르가 만들어지기도 했는데, 이 장르를 '스칸디-크라임', '스칸디-드라마'라고 부른다.

【 만화책 】

덴마크 가정에 만화책이 꽂혀 있는 경우를 흔히 발견할 수 있다. 덴마크에서 만화는 늘 인기 있는 장르이다. 특히 그래픽 노블(만화와 소설이 합쳐진 단어. 흥미 위주의 일반적인 만화보다는 더 깊은 주제를 다루고 있고, 스토리의 짜임새도 소설 못지않게 탄탄한 장르-옮긴이)이 유명하고, 덴마크 시장을 타깃으로 번역된 작품도 많다. 덴마크 자체적으로도 만화가 출간되고 있고, 만화책 수집가들은 자랑스럽게 작품을 책장에 꽂아두곤 한다. 이러한 종류의 만화책은 대부분 성인을 대상으로 하고 있어 복잡한 스토리라인을 가지고 있고, 고급 언어를 사용하기 때문에 어린이들이 이해하기에는 어려울 수 있다. 일부는 아예 성인물로 제작되기도 한다. 사실 덴마크의 주요 포르노잡지 또한 마니아층을 대상으로 매월 만화책을 출간한다. 보다 주류의 만화들은 서구 문화에서부터 역사, 공상과학에 이르기까지 스토리라인이 폭넓고 다양하다. 일본 망가 스타일의 만화도 인기 있다.

07

여행, 건강 그리고 안전

덴마크는 작은 나라이기 때문에 여기저기 여행하기 쉽고 지역별 거리도 가깝다. 비행기로 쉽고 빠르게 이동할 수 있으며, 도로나 철도망이 광범위하게 구축되어 있고 관리도 잘 되어 있다. 기차와 지하철 체계가 잘 정비되어 있는 코펜하겐을 제외하면 대부분 도시에서는 버스가 주요 교통수단이다. 교통 서비스 역시 효율적이고 정확한 시간에 맞추어 운행된다.

덴마크는 작은 나라이기 때문에 여기저기 여행하기 쉽고 지역별 거리도 가깝다. 어디에 있든지 덴마크 해안에서 멀어봤자 40km 이내라고 생각하면 된다. 비행기로 쉽고 빠르게 이동할 수 있으며, 도로나 철도망이 광범위하게 구축되어 있고 관리 또한 잘 되어 있다. 대부분의 덴마크인은 영어를 구사하기 때문에 관광객들은 어려움 없이 기차 시간 확인이나 기차표 구매가 가능하다. 덴마크 사람들은 다른 사람과 어울리지 않고 혼자 또는 동행한 일행과만 여행하는 편이라 다른 나라를 여행할 때처럼 현지인들과 편하게 대화를 나눌 기회가 많지는 않을 수 있다. 버스나 지하철에서는 사람들을 밀치면서 타고 내리는 경우가 있는데 단순히 바빠서 하는 행동으로 악의가 있다고 받아들일 필요는 없다.

대중교통

덴마크의 철도망은 국가 전역에 걸쳐 구축되어 있고 믿을 수 있으며 배차 간격도 짧고 이용료도 상대적으로 저렴하다. 덴마크의 모든 주요 도시는 철도로 연결되고, 대부분의 기차는 국

철로 덴마크 공영철도 회사(DSB)가 운영하고 있다.

도시 간 운행되는 기차는 현대적이고 편리하며, 1등석과 2등석으로 나누어 서비스를 제공한다. 좌석은 열차 탑승 전에 미리 예약해야 한다. 객차는 널찍하고 좌석 배열은 2열씩 두 좌석이 테이블을 가운데에 두고 마주 보는 구조로 되어 있다. 열차 내 아이들을 위한 놀이시설도 있고, 화장실을 비롯해 기저귀를 갈 수 있는 공간과 노트북이나 다른 전자기기를 연결할 수 있는 전기콘센트가 마련되어 있다.

국내 지역 간 운행되는 기차도 비슷하다. 좌석 예약을 미리 할 필요는 없지만 성수기에는 자리가 없을 수 있으니 예매를 서두르는 것이 좋다. 모든 기차는 시간 단위로 운행된다.

　기차와 지하철 체계가 잘 정비되어 있는 코펜하겐을 제외
하면 대부분 도시에서는 버스가 주요 교통수단이다. 교통 서
비스 역시 효율적이고 정확한 시간에 맞추어 운행된다. 센트럴
버스 터미널이나 주요 기차역에서 표를 구매할 수 있다. 코펜
하겐에서는 무료 스마트폰 애플리케이션인 'Mobilbilleter'에서
예매하면 창구에 직접 줄을 설 필요도 없고, 신용카드 해외결
제 수수료도 면할 수 있다. 'Indstillinger'를 터치하면 덴마크
어에서 타국어로 언어를 변경할 수 있다.

　코펜하겐 지역 사람들은 대중교통 이용 시 교통카드를 사
용한다. 기차역이나 버스에서 파란색 반원이 그려진 카드를 단
말기에 접촉하는 사람을 볼 수 있을 것이다. 덴마크의 모든 대

중교통 수단에서 휠체어 사용이 편리하고, 승하차 시 도움이 필요하면 직원이 친절하게 도와준다. 보통 출구 근처에 휠체어 마크가 그려진 버튼이 있는데, 그 버튼을 누르면 직원에게 도움을 요청할 수 있다.

덴마크의 수도 코펜하겐에는 '에스트레인' 또는 '에스토그'라고 불리는 내부 기차 시스템이 있는데, 코펜하겐 시내와 근교 도시를 연결하는 열차로 보통 5~10분 간격으로 운행된다. 에스토그에 더해 지하철도 있다. 지하철은 제한적이긴 하지만 현재 서비스를 확충하고 있다. 에스토그나 지하철 티켓을 비롯해 관련 정보는 대부분의 기차역에 있는 DSB 사무실에서 확인할 수 있다.

운전

덴마크는 도로망이 잘 구축되어 있고, 모든 주요 도시는 고속도로로 연결된다. 오전 6~9시, 오후 3~5시의 출퇴근시간에만 교통이 혼잡하고, 대도시라고 해도 교통체증이 그리 심하지는 않다.

덴마크의 모든 섬은 선박이나 다리로 연결되며 통행료를 받는 구간도 있다. 차를 렌트하는 비용은 독일에 비해 비싸기 때문에 독일에서 덴마크로 오는 일정이라면 독일에서 차를 대여해서 오는 것을 권장한다. 주요 렌트카 회사가 코펜하겐에 지점을 두고 있어 이곳을 이용하면 렌트 비용을 절약할 수 있다. 미국처럼 덴마크도 우측통행이 원칙이다. 덴마크인은 운전에 관대한 편은 아니며, 다른 운전자가 운전 수칙을 정확하게 지키기를 기대한다. 덴마크는 렌트카 전용 번호판이 없어 모두 같은 차량으로 간주하기 때문에 여행자라고 경적을 울리는 것을 참아주지는 않는다.

운전할 때는 항상 하향등만 켜야 한다. 렌트카에도 하향등이 기본 설정으로 되어 있긴 하지만 다시 한 번 확인해보는 것이 좋다. 운전 중에는 안전벨트를 착용해야 하고, 신장이

135cm 미만인 아이라면 키와 몸무게에 맞는 안전한 카시트를 사용해야 한다. 과속 단속은 미터법(km)으로 측정하며, 제한속도는 시가지에서 시속 50km, 주요 도로에서 시속 80km, 고속도로에서는 시속 110km 또는 130km이다. 벌금은 제한속도 규정과 위반 수준에 따라 달라지며 현장에서 바로 납부가 가능하다. 덴마크 사람들은 제한속도 규정을 잘 준수하지 않는데, 특히 고속도로에서는 규정이 더욱 지켜지지 않고 있다. 하지만 일부 고속도로에 제한속도 시속 130km 기준을 도입하면서 이러한 경향이 바뀌고 있다.

칼스버그의 제조국이기도 하고, 맥주를 사랑하는 덴마크인이지만 음주운전에 있어서만큼은 책임감 있는 모습을 보인다. 혈중 알코올 농도가 0.08% 이상이면 음주운전으로 적발되고, 처벌 수준도 엄격하며, 음주운전자에게는 관용을 베풀지 않는다. 한마디로 덴마크에서 술을 마시고 운전하는 것은 어리석은 짓이다.

주차 시스템은 '지불하고 보여주세요.'로 요약해볼 수 있다. 즉 도로변에 세워져 있는 기기나 'EasyPark'라는 애플리케이션을 통해 주차료 선납 후 티켓을 발급받고, 차량 내부 대시보드에 티켓이 잘 보이도록 놔두면 된다. 운전이나 주차에 관한 추가정보는 덴마크 운전자 협회(FDM)에 연락하거나 웹사이트를 참고하면 된다(www.fdm.dk).

　불행하게도 교통사고를 당하게 된다면, 다른 사람들에게 심각한 위험이 되는 경우가 아닌 이상 경찰이 도착하기 전까지 차를 그대로 두어야 한다. 만약 차량을 옮겨야 하는 상황이라면 그 전에 사고 현장을 꼼꼼히 사진으로 기록해둘 것을 권장한다. 일반적으로 덴마크 경찰은 관광객에게 친절하고, 기본적인 영어 구사가 가능하다. 덴마크에서는 운전면허증을 실제로 소지하지 않고 운전하는 것이 불법이기 때문에 운전면허증은 차량에 안전하게 보관하는 것이 좋다.

택시

대부분의 주요 도시나 시내에는 택시가 있다. 빈차(fri) 표시등이 켜져 있거나 정차하고 있는 택시를 손을 흔들어 잡을 수 있다. 혹은 코펜하겐의 4x35(이 회사의 전화번호는 회사명처럼 (+45) 35 35 35 35다) 등 콜택시 회사에 전화해서 택시를 부를 수 있다. 이 경우에는 콜비가 따로 추가된다는 점을 잊지 말자. 새

로운 택시법 도입으로 우버는 2017년 덴마크에서 영업을 종료했다.

덴마크에서 택시운전자격증을 취득하는 것은 쉽지 않으며, 도시의 교통과 길에 대한 광범위한 지식이 있어야 한다. 따라서 종이에 적은 목적지만 보여줘도 덴마크 택시기사는 그곳을 쉽게 찾을 수 있다. 택시를 이용하다 보면 알게 되겠지만 택시 운전자의 대부분이 이민자여서 덴마크어는 그럭저럭 구사하지만 모두가 영어를 한다고 장담할 수는 없다.

사이클링

덴마크 인구의 4분의 1 이상이 일상적인 교통수단으로 자전거를 이용한다. 대부분의 주요 도시에는 자전거 도로가 있고, 지방에는 시내를 연결하는 특수 자전거 길이 있다. 자전거는 덴마크를 더 깊게 알 수 있고 그곳 사람들을 만나기에도 최적의 수단이다. 친환경적이고, 건강에 도움이 되며, 얀테의 법칙에도 알맞은 교통수단이다. 그러므로 자전거를 타고 있으면 덴마크 사람에게 말을 붙이고 이야기하기가 더 쉬워질 수 있다.

헬멧은 필수는 아니지만 권장된다. 아쉽게도 자전거 운전자라고 해서 도로 규칙에 관해 자동차 운전자보다 더 친절한 것은 아니다. 당신이 외국인이라는 점을 인지하기 전까지 덴마크 사람들은 도로 규칙을 어긴 것에 대해 화를 낼 수도 있다. 하지만 이내 사과하고 친절하게 당신의 실수를 바로잡아줄 것이다.

자전거를 타고 지나갈 때는 벨을 울려서 앞뒤 운전자에게 알려주어야 하고, 버스 정류장에서는 사람들이 모두 하차할 때까지 기다려야 한다. 야간에는 자전거의 전조등과 후미등을 반드시 켜야 한다. 경찰도 이 부분을 엄격히 규제하고 있고, 규칙 위반 시 750크로네(대략 13만 원)의 벌금을 물어야 한다. 또한 자전거 도둑이 많기 때문에 자전거는 안전하게 묶어두는 것이 좋다. 추가요금을 지불하면 기차나 배, 택시에도 자전거를 휴대하고 탑승할 수 있다. 덴마크 전역에서 자전거를 쉽게 대여할 수 있지만 헬멧은 대여료에 포함되지 않는다.

항공

미국과 비교하면 덴마크 내 이동거리는 짧다고 할 수 있다. 국내선의 경우 이륙부터 착륙까지 45분 정도가 소요된다. 대부분의 국내선은 스칸디나비아항공이 운영하고 있으며, 코펜하겐, 오르후스, 올보르 간 노선도 운영 중이다. 국내선은 할인이 되는 경우가 많다. 덴마크의 항공료는 비싸기 때문에 할인 행사를 꼼꼼히 확인해보는 것이 좋다. 항공 서비스는 과도하게 친절하기보다는 대체로 효율적이고 정중하다.

의료

대부분의 서유럽 국가와 같이 덴마크를 여행할 때도 특별히 받아야 하는 예방접종은 없다. 특정 질병 감염 지역으로 분류된 국가를 거쳐서 오는 경우라면, 예방접종을 받았다는 사실을 증명해야 할 수 있다. 증빙서류는 국제보건인증서의 형식에 따라 접종이 완료되었다는 부분이 명시되어 있어야 한다.

유럽 외 국가에서 오는 여행객은 가벼운 질환이나 질병이 보장되는 의료보험에 가입되어 있어야 한다. 덴마크 체류기간 동안 사고를 당했다면 의료 서비스는 무상으로 제공된다. 이는 만성질환이나 기존 질병이 재발해서 본국으로 다시 돌아가기 힘든 경우에도 해당된다.

덴마크의 의료인들은 일반적으로 효율적인 의료 서비스를 제공하지만 환자를 대하는 태도가 친절하지는 않다. 덴마크 의사들은 질병을 치료하지 환자를 치료하지는 않는다. 덴마크인들은 상대방과의 친밀도와는 상관없이 솔직하고 개방적으로 질병에 대해 이야기하기 때문에 덴마크 의사들은 이에 대해 앵글로색슨족 특유의 과묵함으로 일관할 수 있다. 거의 대부분의 의사는 유창한 영어 실력을 가지고 있지만 특정 질병이나 증상을 설명하는 과정에서 언어적 장벽이 있을 수 있다. 덴마크에 머무는 동안 의사와 상담할 일이 생긴다면, 덴마크어 사전을 미리 준비하는 것이 좋다. 정규 진료시간 외에 병원에 갈 일이 발생한다면 대도시에 24시간 운영하는 야간병원 '레어박튼'으로 가면 된다. 비슷한 체제로 운영하는 치과병원도 있다. 가까운 레어박튼이나 치과의 번호는 현지 전화번호부 가장 앞쪽에서 찾을 수 있다.

규제 약물은 미국과 같은 다른 나라에서는 처방전 없이도 구입이 가능할지 모르나 덴마크에서는 스칸디나비아 국가 의사의 처방전이 있는 경우에만 구입할 수 있다. 본국에서 정기적으로 복용하는 약이 있다면 덴마크에서도 필요 시 구입할 수 있도록 처방전이 필요한 약인지 미리 확인해볼 필요가 있다. 약국은 주중에는 오전 10시부터 오후 6시까지, 토요일에는 오전 10시부터 오후 2시까지 영업한다. 이 시간 외에 약국을 가야 한다면 대도시에 24시간 운영하는 'Døgnapotek'으로 가면 된다.

덴마크 수돗물은 식수로 사용 가능하며 바, 카페, 레스토랑의 위생수준도 높다. 요식업의 경우 해당 기관의 정기적인 점검을 받고 법에 따르는 위생증명서를 손님들이 볼 수 있도록 진열해두어야 한다. 위생증명서는 덴마크어로 되어 있지만 스마일 그림으로 표현되기도 하는데, 스마일 마크가 더 많이 웃고 있을수록 위생적이라는 의미다.

덴마크에서 에이즈나 사람면역결핍바이러스에 감염되는 경우가 흔하지는 않다. 하지만 감염자 수가 증가하고 있는 점이 걱정스럽기는 하다. 의료당국은 에이즈 감염 위험과 피임기구 사용자 수 감소에 대해서 보다 여유로운 태도를 보이고 있다. 주로 이성애 인구에서 감염자가 발생하고 있다.

덴마크는 휠체어를 타고 생활하기 매우 편리한 나라로, 신체적인 불편이 있는 사람을 위해 기꺼이 길을 비켜주고 도와준다. 도움이 필요하다면 부끄러워할 필요가 없다. 특히 대중교통 이용 시에도 모든 버스나 기차에 접이식 슬로프가 내장되어 있어 요청 시 운전기사가 곧바로 작동시켜주기 때문에 승하차가 편리하다.

안전

덴마크는 유럽 국가 중에서도 안전하고 치안이 좋은 나라에 속한다. 하지만 여행할 때는 개인의 안전이나 소지품에 신경 쓸 필요가 있다. 덴마크에는 방문하지 말아야 할 '금지구역' 같은 것은 없지만 코펜하겐의 뇌레브로는 갱이나 마약 관련 범죄가 종종 일어나는 곳이다. 하지만 미국에 비하면 범죄 발생률이 현저히 낮다. 강력범죄는 드물고, 좀도둑질이나 가게의 물건을 훔치는 정도다. 여행객들의 금품을 노리고 덴마크를 찾는 범죄형 방문객들도 있는데, 이런 소매치기들은 여행 성수기인 여름 시즌에 주로 나타난다. 따라서 현금이나 신용카드 등을 안전하게 소지할 필요가 있다.

소매치기 등과 같은 범죄의 피해를 입었다면 즉시 경찰에 신고해야 한다. 경찰은 여행객들에게 친절하고 범죄에 관한 정보도 확실하게 전달해준다. 소매치기범들은 보통 현금만 훔치고 나머지는 쓰레기통에 버리기 때문에 잃어버린 지갑이나 가방을 다시 찾게 될 가능성도 높다.

문화적 측면에서 보았을 때 덴마크는 여성 혼자 여행하기에도 문제없는 나라다. 진보적이고, 혼자 여행하는 여성 관광객도 많다. 하지만 각자의 집에서도 그렇듯이 일반적인 수준의 주의는 늘 기울이는 것이 좋다.

08

비즈니스 현황

덴마크는 유럽 국가 중에서도 경제 강국에 속하고, 유로 고정 환율을 통한 안정적인 통화 정책을 유지하고 있다. 인플레이션 및 금리수준도 낮다. 세계은행 자료에 따르면 소득 불평등 수준이 세계에서 가장 낮고, 생활수준은 가장 높은 국가군에 속한다. 작지만 개방적인 경제 구조를 가지고 있으며, 다른 국가와도 활발히 교역하고 있다. 근무 환경의 대표적인 특징은 개인주의보다 팀워크를 중시하며, 위계질서가 거의 존재하지 않는다는 점이다.

경제

덴마크는 유럽 국가 중에서도 경제 강국에 속하고, 균형 잡힌 국가 예산을 운영하고 있으며, 유로 고정 환율을 통한 안정적인 통화 정책을 유지하고 있다. 인플레이션 및 금리수준도 낮다. 세계은행 자료에 따르면 덴마크는 소득 불평등 수준이 세계에서 가장 낮고, 생활수준은 가장 높은 국가군에 속한다. 작지만 개방적인 경제구조를 가지고 있으며, 다른 국가와도 활발히 교역하고 있다. 덴마크의 가장 중요한 교역국은 독일이고, 그다음이 스웨덴, 영국, 미국 순이다. 노르웨이와 일본과의 무역도 상당히 중요하다. 덴마크는 EU, WTO, OECD의 회원국

이다. 수출품 중 70%가 공산품으로, 제2차 세계대전을 계기로 농업국가에서 공업국가로 탈바꿈했다. 또한 서유럽 국가 중 노르웨이와 영국에 이어 세 번째로 큰 산유국이다.

덴마크 정부는 재정 정책을 통해 인플레이션이나 경제활동에 대한 규제를 시도해왔다. 또한 덴마크 크로네의 안정적인 환율을 유지하는 데 집중한 통화 정책을 운영 중이다.

일터에서의 에티켓

덴마크 사람들은 직장은 일을 하러 가는 곳이라고 생각하고 집중해서 일한다. 직장을 사회적 교류의 장으로 여기지 않는다는 뜻이다. 또한 직업의식이 투철하고 열심히 일한다. 직급에 상관없이 회사 운영방침에 대해 할 말은 해야 한다고 생각하고, 고용주들도 이러한 의견을 존중한다. 임금도 물론 중요하지만 덴마크인은 일 자체가 흥미롭고 도전정신을 발휘할 수 있는지를 더 우선시한다.

덴마크 사람들은 열정적이고 성공하고 싶어 하지만 외부적인 성공만을 바라지는 않는다. 그들에게 성공은 개인적인 만족감이나 직업적인 전문성에서 오는 성취감이지 임원진만 사용할 수 있는 개인 사무실이나 독립적인 화장실만을 꿈꾸는 것은 아니다. 하지만 요즘 젊은 세대들은 과시할 수 있는 성공에 관심을 갖는 경향이 있고, 젊은이들 사이에서 얀테의 영향력 또한 점차 줄어들고 있는 추세다.

근무 환경

덴마크 근무 환경의 대표적인 특징은 개방적인 분위기와 상사 및 부하직원 사이의 위계질서가 거의 존재하지 않는다는 점이다. 다른 영역에서는 몰라도 직장에서 만큼은 개인주의보다 팀워크를 중요시한다. 동료 사이 지켜야 할 예절도 형식에 얽매이지 않고 편안하다. 덴마크의 부모들은 가족과의 시간을 우선시하고 오후가 끝날 무렵에는 가정으로 돌아가고 싶어 하기 때문에 대부분의 미팅 스케줄은 오후 4~5시면 끝이 난다.

직장에서의 사회생활은 대부분 커피타임이나 점심시간 동안에만 이루어진다. 모회사의 직원이나 클라이언트와의 접대가 아닌 이상 점심시간을 길게 갖는 경우는 거의 없다. 한 주

의 업무가 끝날 즈음에는 간단히 맥주를 마시는 회식자리를 갖는 회사도 간혹 있다.

덴마크의 모든 회사는 '크리스마스 점심' 행사를 갖는 전통을 존중하고 있다. 이는 또한 한 해 동안 직장 내에서 열리는 사교행사 중 클라이맥스라고 할 수 있다. 일부 회사는 여름 시즌에도 파티나 각종 행사를 개최하기도 한다.

【 사회적 평등 】

덴마크의 직장문화는 미국만큼 위계질서가 확실하지 않고, 상사에서 부하직원으로 이어지는 명령전달 라인도 짧다. 또한 원칙적으로 임금, 직급, 업무에 상관없이 모두가 평등하다. 덴마크의 직장 상사는 다른 나라보다 부하직원의 말에 더 귀 기울이는 것으로 유명하고, 모두를 담당 분야의 전문가로 여긴다. 덴마크 회사에서 상사는 대부분 의사결정권자가 아니라 팀의 리더라고 인식된다. 회의나 의사결정을 하는 과정에서도 모두가 목소리를 내고 참여할 수 있다. 하지만 최종 결정이 상사의 권한이기는 하다.

사회적인 교류가 직장 내 모든 영역에서 골고루 이루어지고, 힘들어 보이는 직원에게는 특별히 신경을 쓴다. 평등이라는 개념은 덴마크인의 정서에 깊숙이 박혀 있고, 한 사람의 직급이나 지위보다는 능력이 더 중요하다고 생각한다. 직장인들은 자신의 임금이나 고용 보장보다는 주어진 임무나 회사에 대한 기여도를 더 중요하게 생각한다.

【 교육과 훈련 】

덴마크 회사에 종사하고 있는 사람들은 대부분 교육수준이 높고, 승진에도 학업적 성취, 업무 능력, 경력 등이 복합적으로 작용한다. 대학에 입학한 덴마크 사람들은 중퇴하지 않는 이상 대부분 석사학위를 가지고 졸업하는데, 덴마크의 대학 과정이 학사학위 수준에서 끝나지 않기 때문이다. 직장 내에서도 추가적인 교육이나 훈련을 강조하고 있다.

덴마크 회사 중 열에 아홉은 직원에게 입사 첫 해부터 교육을 제공한다. 외부 교육과정과 연계할 수도 있고, 직장 내 교육 세미나 또는 MBA와 같이 보다 장기적인 교육 플랜을 제공하기도 한다. 국제경영개발연구원에 따르면 덴마크는 유럽 국가 중에서는 첫 번째, 전 세계에서는 세 번째로 임금비용 대비 직원 교육에 가장 적극적으로 투자하는 나라다.

【 격식을 차리지 않는 문화 】

덴마크인들은 직장 동료에게도 사생활을 공개적으로 이야기하는 편이다. 가족, 가정생활 문제, 휴가, 취미활동 등을 자유롭게 공유한다. 덴마크 사람은 격식을 차리지 않기로 유명하고 이러한 태도는 직장에서도 반영된다. 직장에서의 옷차림은 남성과 여성 모두 상대적으로 자유롭고 편안한 편이다. 남자들은 정장 차림을 하기도 하지만 개인적인 선택의 문제지 회사가 정해놓은 복장 규정 때문은 아니다. 하지만 복장 규정이 있는 회사도 일부 존재하기 때문에 미리 확인해보는 것이 좋다. 이미 안면이 있는 사람을 만나는 미팅이라면 첫 미팅보다는 더 자유롭게 입는 편이다.

첫 비즈니스 미팅에서 덴마크인들은 일반적으로 성과 이름을 말하고 악수를 청하면서 자신을 소개한다. 명함은 미팅이 끝날 때쯤 교환한다. 비즈니스 미팅에 선물을 가져오는 경우는 드물며, 선물에 대한 보답을 바라지도 않는다. 하지만 일이 잘 성사되거나 이미 친분이 있는 상태라면 소정의 선물을 준비하는 것도 좋은 방법이다. 선물로는 회사 로고가 새겨진 문진이나 사무용품 등이 적절하다.

【 언어 】

규모가 있는 덴마크 회사들은 사내 언어로 영어를 사용한다. 그날그날의 업무 상황에 따라 덴마크어를 사용할지 영어를 사용할지 결정하는 것이 대부분 회사의 언어 사용 기본 원칙이다. 업무 파트너 가운데 외국인이 포함되어 있다면, 회의나 프레젠테이션에서부터 사내 메시지나 비공식적 대화에 이르기까지 모든 상황에서 영어로 소통하려고 노력한다. 직장 내에서는 겸손이 생활화되어 있다. 사람들은 자신의 역할이나 자질을 과시하지 않기 때문에 자기 스스로를 칭찬하는 경우는 찾아보기 힘들다.

업무에 대한 의견을 나누는 부분에 있어서는 단도직입적이다. 공격적인 의도가 있는 것이 아니기 때문에 개인적으로 받아들일 필요도 없다. 상대방의 비평은 업무에 대한 비평이지 사람에 대한 것이 아니다. 덴마크인은 업무와 관련이 있는 문제뿐만 아니라 다른 어떤 문제에 대해서도 자신의 의견을 낼 준비가 되어 있다. 스웨덴 사람들과 달리 덴마크인은 의견 대립을 두려워하지 않는다. 하지만 이러한 의견 차이가 사적인 논쟁으로까지 번지지 않도록 노력한다. 가능하면 논쟁을 하기보다 차이를 토론하는 것을 선호하기 때문이다.

시간 엄수

비즈니스 세계에서 다시 한 번 강조해야 할 부분은 바로 시간 엄수다. 덴마크 사람들은 거의 종교적인 수준으로 시간을 정확하게 지키며, 상대방도 그렇게 하기를 기대한다. 특히 비즈니스 미팅에서라면 시간을 더욱 잘 지켜야 한다. 조금이라도 늦어지는 경우라면 미리 연락을 취해야 한다. 공개적으로 비난하지는 않겠지만, 약속에 늦으면 좋은 인상을 남길 수 없다. 너무 일찍도 너무 늦게도 아닌 적당하게 도착하는 것이 가장 이상적이다. 덴마크인들은 정해진 약속 시간을 최대한으로 활용하는 데 자부심을 가지고 있기 때문에 조금이라도 늦으면 이를 망치는 꼴이 될 수 있다.

휴식

업무시간 중에는 두 가지 종류의 휴식시간이 있는데, 오전 10시 정도의 커피타임, 12시 정도의 점심시간이다. 덴마크 사람들은 이 시간을 활용해 동료들과 어울리고 대화를 나눈다. 대화의 주제는 정치에서부터 결혼 문제나 슈퍼마켓의 돼지고

• 모든 것을 말하는 덴마크인 •

한 여학생에게 영어를 가르치던 중 생긴 일이다. 잠시 커피타임을 갖게 되었는데, 커피를 들고 앉자마자 그 여학생은 자신의 힘든 이혼 과정을 털어놓았다. 덴마크에 온 지 얼마 되지 않았던 나는 이 상황이 당황스러울 수밖에 없었다. 하지만 이는 덴마크 사람들의 솔직함, 개방성의 한 예일 뿐이고 지극히 자연스러운 대화 주제였다는 사실을 나중에야 깨닫게 되었다.

기 가격에 이르기까지 다양하다.

대부분의 덴마크 사람들은 점심으로 도시락을 싸오고, 자기 자리에서 혹은 회사에 마련되어 있는 간이식당에서 점심을 먹는다. 규모가 큰 회사라면 고용주의 지원 아래 구내식당에서 저렴한 가격으로 점심을 제공하기도 한다. 일반적인 점심시간은 30분이기 때문에 외부 식사가 가능하지도 않고 직원들이 원하지도 않는다. 전통적으로는 아침이나 점심시간에 가볍게 맥주를 마시기도 했지만, 이러한 전통은 사라진 지 오래다. 하지만 육체노동 종사자들 사이에서는 이 전통이 여전히 유지되고 있다.

여성 경영인

덴마크는 여성의 사회참여율이 가장 높은 국가 중 하나다. 남성의 경우 79%, 여성의 약 74%가 고용시장에서 활발하게 활동하고 있다. 하지만 남녀 노동인구 비율이 비슷함에도 불구하고 아직까지 기업의 고위직에 여성이 차지하는 비율은 남성과 동등하지 않다. 이 문제는 덴마크 사회에서도 여전히 이슈가 되고 있다. 일반적으로 경영 분야에서는 남성 동료와 적어도 비슷한 수준의 업무 능력을 보여주지만 다른 분야에서는 여성이 더 뛰어난 능력을 발휘하고 있다. 덴마크는 성평등이사회가 직장 내 성 차별을 감시한다.

육아를 지원하는 덴마크의 사회복지 모델 덕택에 직장 내 여성 참여율이 높아졌다. 이를 통해 여성들은 자유롭게 자신의 커리어를 발전시켜나갈 수 있다. 한 가지 흥미로운 사실은 덴마크 사람들이 이렇게 진보적인 태도를 가지고 있음에도 불구하고, 여성에게 여전히 육아에 대한 책임이 가중되고 있다는 점이다. 하지만 보다 보수적인 사회에서 지내다가 덴마크를 방문하는 여성은 남성과의 미팅이나 약속 시간을 잡는 것이 보다 수월하다는 점을 금방 알아차릴 수 있을 것이다.

노동조합

과거 길드 시스템의 영향이 덴마크 상업 분야에 아직까지 남아 있다. 덴마크의 거의 모든 일은 직무교육을 필요로 하며, 교육은 직군에 상관없이 철저하게 진행된다.

실업수당은 개별 노동조합이 관리한다. 덴마크 정부가 각 조합에게 할당해준 지원금을 조합이 알아서 운영 및 관리하는 형태다. 실업급여를 받으려면 노동조합의 회원일 필요는 없지만 조합이 운영하는 실업보험(A-Kasse)에 가입해야 한다.

덴마크 임금 노동자의 70% 이상은 노동조합의 회원이다. 숙련된 노동자나 비숙련 노동자들의 노조 가입 비율이 높지만, 고등교육을 받은 노동자들도 많이 가입한다. 대학 졸업자들은 노동조합 가입을 비교적 자유롭게 결정할 수 있다. 이들은 대부분 민간 분야에서 일하고, 개별적으로 임금이나 근무 조건을 협상하기 때문이다.

규모가 작은 조합들은 전국적인 대규모 협회와 연합하기도 한다. 학위 소지자들에게 영향력 있는 조합은 덴마크 엔지니어협회, 기업경영협회, 덴마크 석·박사협회, 덴마크 변호사 및 경제학자협회 등이다.

덴마크의 고용주들을 위한 조직도 있는데, 이 중 규모가 큰 조직으로는 덴마크 고용주연합, 덴마크 산업협회, 덴마크 상업 및 서비스협회, 무역·운송·서비스 고용주연합이 있다.

노동조합과 고용주연합은 정부와 3자 합동 협상을 하기도 한다. 이 협상에서는 주로 실업이나 보험 문제 등 노동시장 정책에 대해 논의한다.

교섭

조합과 경영진 사이의 협상은 덴마크 사람들이 소통하는 방식과 비슷하게 최대한 합의에 바탕을 두고 있다. 따라서 양측이 합의에 이르지 못하는 경우는 드물다.

다른 유럽 국가들과 달리 덴마크에서는 노동시장에 대한 규제가 법이 아닌 합의에 의해 이루어진다. 즉 노동조합과 고용주가 총괄적으로 대부분의 합의사항을 협상하고, 교육수준이 높은 근로자들은 앞서 말한 것처럼 개별적으로 임금을 협상한다. 이러한 합의가 대체로 임금이나 근로 조건 등에 관한 법을 대신하는 역할을 한다.

덴마크 노동시장의 80%가 이러한 전체적인 공동합의를 따르고, 이는 노동시장의 평화와 안정에도 도움이 된다. 특히 노동시장의 유연성을 제고할 수 있고, 자연스럽게 노동이동성 또한 증가하게 된다. 이를 통해 매년 총 287만 5,000명의 근로자와 80만 개의 일자리가 고용된다. 이 수치는 이직이나 신규 창출된 일자리도 포함하지만 그렇다고 해도 높은 이동성을 보여주는 수치라고 할 수 있다. 덴마크의 노동시장은 유럽보다는 미국의 노동시장과 비슷한 양상을 띠고 있다. 덴마크의 사회복지 시스템은 이러한 노동시장의 유연성으로 단기 실직 상태에 처해 있는 사람들을 보호하기 위한 사회적 안전망을 제공하고 있다.

프레젠테이션 방식

덴마크인들은 직설적으로 말하는 경향이 있고, 이는 프레젠테이션 방식에서도 나타난다. 덴마크 사람들은 최대한 아무 탈 없이 일을 시작하고 싶어 하기 때문에 자신들의 주장을 뒷받침할 수 있는 만반의 준비를 해온다. 또한 프레젠테이션 중간에 끼어들지 않으며, 반대의 경우에도 중간에 방해받는 것을 싫어한다. 프레젠테이션이 진행되는 동안 끝까지 집중해서 경청하고, 질문은 따로 마련된 시간에 하는 것을 선호한다.

덴마크 사람들은 매우 성실하고, 근무시간을 최대한 효율적으로 사용하기 위해 노력한다. 그 결과 프레젠테이션 방식도 신속하고 간결하며 불필요한 설명은 지양한다. 하지만 세세한 부분에도 신경을 쓰며 인쇄물이나 그래프, 차트 등을 활용해 요점을 분명히 하고, 몸짓은 작게 한다.

덴마크인이 영어로 발표를 한다면, 이는 제2외국어를 사용하고 있다는 뜻임을 꼭 기억해야 한다. 그렇기 때문에 분명하게 짚고 넘어가야 할 부분은 따로 적어두었다가 발표가 끝난 뒤 질문하도록 하자. 덴마크 사람들은 프레젠테이션을 할 때도 자신의 의견을 자유롭게 표출하기 때문에 듣는 사람 입장에서는 너무 직설적이라고 느낄 수 있다. 이러한 점이 처음에는 당황스러울 수 있지만 단순히 덴마크인의 소통 방식이라는 점을 기억할 필요가 있다.

협상

앞서도 말했듯이 다른 무엇보다 시간을 지키는 것이 가장 중요하다. 덴마크 사람과 일할 때 시간 엄수는 기본이다. 택시를 타고 약속 장소에 가는 경우라면, 정시에 도착하기 위해 여유롭게 택시를 불러야 한다. 명함을 가져가는 것은 좋지만 덴마크어로 번역된 명함일 필요는 없다. 대부분의 덴마크 사람들은 영어를 이해하기 때문에 덴마크어로 번역된 명함을 내미는 일은 오히려 덴마크나 덴마크 사람들에 대한 이해가 부족하다는 인상을 줄 수 있다. 회사가 창립된 지 오래되었다면(대략 10년 이상) 이 부분을 명함에 강조하는 것이 좋다. 덴마크 사람들은 다른 스칸디나비아 민족과 마찬가지로 회사의 안정성을 중요시하기 때문이다.

목적지에 도착했다면 덴마크 측 상대방은 악수를 청하며 자기소개를 할 것이고, 당신도 이에 따라 행동하면 된다. 참석자 가운데 여성이 포함되어 있어도 자유롭게 악수를 나눈다. 악수는 앉은 상태에서가 아니라 반드시 서 있는 상태에서 해야 하고, 악수하는 동안 상대방과 눈을 마주치는 것이 좋다. 서로의 소개가 끝나면 덴마크인들은 모두를 성을 제외한 이름으로 부르게 될 것이다. 미팅이 끝난 후에도 다시 한 번 악수를 나눈다.

회의는 보통 정해진 안건에 따라 신속하게 진행된다. 미팅 시작 전 간단한 이야기를 나눌 수도 있지만 대부분 바로 본론으로 들어간다. 하지만 회의를 주관하는 사람의 성향에 따라 조금씩 달라질 수 있다. 간단한 담소를 나누게 된다면 상대방(덴마크인)이 대화의 주제를 이끌도록 하는 것이 좋고, 이렇게 하면 대부분 당신의 고향이나 국가에 대해 물어볼 것이다.

프레젠테이션 방식과 마찬가지로 덴마크인의 협상 스타일

또한 직설적이고 간결하다. 되도록 그들의 의견에 수용적인 태도를 보이고 긍정적인 어조로 대답하는 것이 좋다. 또한 덴마크인의 비판은 일에 대한 비판이지 개인적인 것이 아니라는 점을 기억하자. 주관적인 감정은 아무런 의미가 없으므로 객관적인 사실에 집중하자. 상대방은 특정한 상황에 개인적으로 대응하기보다는 보편적인 덴마크의 문화나 행위규범에 따를 것이기 때문에 걱정할 필요는 없다.

덴마크 사회에는 평등사상이 뿌리박혀 있기 때문에 덴마크 측에서 협상을 이끄는 사람이나 덴마크 쪽 담당자를 우대할 필요는 없다. 또한 덴마크 사람들은 환경의식이 높아서 환경에 해가 되는 계획이나 프로젝트는 잘 수용하지 않는다.

덴마크 측 담당자 입장에서 회의가 외국어로 진행되고 있다는 점 또한 염두에 두는 것이 좋다. 요즘에는 영어를 잘하는 사람들이 많기 때문에 영어가 모국어가 아닌 사람들의 영어 실력을 종종 과대평가하는 경향이 있다. 하지만 덴마크 측 담당자가 당신이 하는 말을 정확하게 이해하지 못했을 경우를 대비해 무시하는 느낌으로 과도하게 천천히 이야기하는 것보다 이해하기 쉽도록 적정한 속도로 발화하는 것이 좋다. 또한 목소리를 너무 높이지 않도록 하자(영어가 모국어인 사람들은 전 영국 총리였던 마거릿 대처의 발화속도와 비슷하게 말하는 것을 권장한다).

정확히 이해하지 못하거나 잘못 해석할 수 있으므로 관용적인 표현은 피하고, 최대한 간단하게 말하는 것이 좋다. 또한 정보의 양을 적당하게 끊어서 전달하자. '한 문장에 하나의 아이디어'를 기준으로 하면 보다 분명하고 확실하게 요점을 전달할 수 있다.

협상 과정에 있어서 덴마크인들은 상대방과의 관계 형성이 협상 절차의 일부라고 생각하지 않고 당면한 상황이나 안건에만 집중한다. 협의를 달성하고 계약서에 서명하게 되면 일이 진전되었다고 확신해도 된다. 무엇보다 덴마크인은 약속을 지키는 사람들이기 때문이다.

【 담소 】

한 덴마크 기업인이 회의 중에 담소를 나누고 싶다면 회의시간을 그 시간만큼 늘려야 한다고 말한 적이 있다. 그럼에도 불구하고 회의시간에 업무 외적인 이야기를 하게 된다면 사생활이나 종교, 소득, 가족 등에 대한 사적인 질문은 피하는 것이 좋다. 덴마크 사람들은 만난 지 얼마 되지 않은 사람이 이러한 개인적인 질문을 하는 것을 무례하고 부적절하다고 생각한다. 외모에 대한 칭찬 또한 경솔하고 모욕감을 줄 수 있는 언행이다.

덴마크 사람 앞에서는 다른 사람이나 회사의 시스템을 비판하지 않는 것이 좋다. 덴마크인의 유머 코드는 건조하고 미국인의 유머에 비해 무겁다. 유머는 문화 특정적인 요소이기 때문에 신중하게 사용해야 한다.

의사결정

덴마크 역시 직장 내 위계질서가 존재하기는 하지만 다른 국가에 비해 엄격하지는 않다. 일반적으로 덴마크인들은 안건에 대해 토론하고 합의를 도출하는 집단 지향적인 성향을 가지고 있다. 투표는 결국 분열을 의미하기 때문에 투표에 의한 의사결정은 드물다. 의사결정 방법으로는 토론을 선호하는데 이는 같은 문제를 다양한 관점에서 바라볼 수 있게 한다. 최종 결정은 결국 대표가 내리는데, 오직 합의로만 의사결정을 하는 스웨덴의 기업들보다는 덜 수고로운 방식이다.

미국처럼 일단 강하게 시작하고 맞춰가는 협상 기술은 덴마크의 협상 테이블에서는 통하지 않는다. 덴마크인들은 처음부터 모든 참여자가 만족할 만한 합리적이고 현실적인 협상안을 제시하기 때문에, 단순한 초안이라고 생각하면 큰 오산이다. 만약 이 제안을 당신에게 보다 더 유리한 쪽으로 이끌기 위해 거절한다면, 덴마크 측 담당자는 합리적인 협의안을 거절당한 것에 대해 당황하거나 최악의 경우 불쾌하게 생각할 수 있다.

덴마크인에게 강경한 자세를 취하는 것은 힘든 전략이다. 덴마크인의 협상 목표는 모두에게 윈윈이 되는 상황을 만드는 데 있다. 이러한 덴마크 사람들에게 강경한 태도로 나간다면 당신을 방해꾼이나 비협조적인 사람으로 생각할 것이다. 또한 결국 휘게에 반대되는 불편한 기류를 형성하게 된다. 덴마크인에게 있어 휘게의 중요성을 생각해본다면, 이러한 상황은 피해야 한다.

성공적으로 협상을 완료하면 덴마크 측 상대방에게 선물을 전달하는 것도 좋다. 이에 대한 보답의 선물을 받았을 경우 상대방이 보는 앞에서 즉시 풀어보는 것이 예의다. 덴마크 사람들은 술을 좋아하기 때문에 와인이나 위스키 등이 적당한 선물이다. 고급 초콜릿이나 사무용품도 괜찮다.

계약

덴마크 법 체계의 근간은 로마법이다. 즉 입법기관만이 법을 제정할 수 있다는 의미다. 미국이나 영국 제도 등 영어권 국가들은 보통법 체계다. 보통법 체계하에서는 판사가 법을 만들수 있기 때문에 선례나 판례가 매우 중요하다. 덴마크의 로마법 체계는 법 안에서 체결된 계약에도 영향을 미친다.

먼저 덴마크의 계약서는 보통법 국가의 계약서에 비해 짧고 간결하다. 보통법 관할 문제로 계약서에 포함시켜야 할 사항들이 덴마크에서는 이미 법으로 규정되어 있어 따로 계약서에 포함시킬 필요가 없기 때문이다. 반대로 덴마크인들은 보통법 체계하의 계약서가 굉장히 길고 장황하기 때문에 시간을 가지고 세부사항을 살펴보아야 한다고 생각한다. 이렇게 해야 혼돈이 발생하지 않으며, 덴마크 측도 철저한 검토를 높이 평가한다. 덴마크 법 체계하에서 체결되는 계약서가 어떠한 사항을 다루는지 알려면 덴마크 법에 대한 이해가 필요하다. 그러므로 덴마크인 변호사를 고용하는 것이 도움이 된다.

계약서가 간단하기 때문에 협상 초기 단계에서는 변호사가 필요하지 않고, 낭비라고 생각한다. 최근에는 덴마크와 보통법 체계의 국가 사이 비즈니스 사례가 대폭 증가하면서 보통법 유형의 보다 자세한 계약서가 많이 사용되고 있다.

덴마크인은 정직하다. 약속을 했으면 꼭 지키고, 상대방도 그러기를 기대한다. 즉 계약이 성사되었다면 계약 조건이 그대로 정확히 이행되길 바랄 것이다.

회식

간단히 말하자면, 덴마크인은 회식에 능하지 않다. 덴마크에서 회식은 기업문화의 일부가 아니다. 점심시간에도 밖에 거의 나가지 않는 사람들이 바로 덴마크인이다. 또한 대부분 업무가 끝나면 곧바로 가정으로 돌아가길 원한다. 덴마크에서 회식이라고 할 만한 경우는 오후 12~2시 사이 사업상 점심식사 자리다. 회사가 도심에 위치한 경우 대부분 큰 오픈샌드위치를 판매하는 유명한 카페에서 식사 자리를 갖는다. 물론 이러한 샌드위치도 포크와 나이프를 모두 사용해서 먹어야 한다.

저녁식사 자리에 초대되었다면 파티 장소는 대부분 집일 가능성이 높다. 배우자와 함께 덴마크를 방문한 경우라면 그들 또한 파티에 초대될 것이다. 파티에는 선물을 가져가는 것이 좋고, 이와 관련해서는 105쪽을 참고하자.

덴마크인과 일하기

덴마크 사람들은 상대방이 한 말을 글자 그대로 해석하는 경향이 있다. 만약 당신이 5분 뒤에 다시 돌아오겠다고 했다면, 말 그대로 5분이 걸릴 것이라고 생각한다. 상대방의 말을 그대로 받아들이기 때문에 계약 완료까지 어느 정도의 시간이 걸릴지 등과 같이 업무의 기한을 전달할 때 신중할 필요가 있다. 덴마크 사람이 무언가에 대해 약속했다면 그 약속은 지켜질 것이고 상대방도 자신과의 약속을 지키길 기대한다.

덴마크인을 고용했다면, 그 사람은 당신의 생각보다 더 많은 부분에 기여하고 참여할 것이다. 덴마크인은 자유롭게 자신의 의견을 표출하거나 비판하기 때문에 이를 사적인 감정으로 받아들이면 당황하게 될 수 있다.

09

의사소통

덴마크 사람들 대부분이 영어를 유창하게 구사하기 때문에 영어에 어느 정도 자신이 있다면 여행할 때 언어로 겪는 문제는 없을 것이다. 직설적이고 솔직한 의사소통 방식을 가지고 있는 덴마크인은 이야기할 때 과장하거나 축소하지 않는다. 이러한 화법이 때로는 무례하게 들릴 수도 있지만 대부분 관련 사실과 함께 자신의 의견에 대한 추가설명을 하기 때문에 상대방도 그렇게 하기를 기대한다.

덴마크 교육과정에는 오래전부터 영어가 필수 과목으로 포함되어 있어 대부분이 영어를 유창하게 구사하기 때문에 영어에 어느 정도 자신이 있다면 여행할 때 언어로 겪는 문제는 크지 않을 것이다. 덴마크 사람들은 대부분 영어로 대화하는 데 어려움이 없겠지만, 나이나 교육수준에 따라 실력의 차이는 있을 수 있다. 덴마크인의 영어 스타일이 가끔은 퉁명스럽게 들릴 수 있는데, 이는 개인적인 의도가 있다기보다 단순히 제2외국어를 구사하는 데 따른 언어적 문제라는 점을 기억하자.

덴마크어

덴마크어는 덴마크, 그린란드, 페로 제도의 공식 언어다. 덴마크어는 인도-유럽 어족에 속하고, 아이슬란드어, 페로스어, 노르웨이어, 스웨덴어와 같은 북게르만어군의 일부다. 역사적으로 덴마크어는 독일어, 프랑스어 등 다른 여러 언어로부터 어휘를 들여왔고, 20세기에 들어서는 영어를 많이 받아들이고 있다. 덴마크어는 필기할 때 로마자(영어 알파벳)에 æ, ø, å (순서대로 '애', '외', '오'로 발음된다)의 세 문자를 추가해서 사용한다.

영어가 모국어라면 덴마크어는 상대적으로 습득하기 쉽다. 덴마크어는 기존의 단어를 사용하거나 변경해서 새로운 단어를 만드는 경향이 있어서, 가장 방대한 내용의 덴마크어 사전에도 20만 개가 채 되지 않는 단어만이 수록되어 있다. 이는 'lang', 'tid', 'planlægge'의 세 단어를 조합해 'langtidsplanlægge('장기적인 계획을 세우다'라는 뜻)'라는 단어를 만드는 것처럼 새로운 단어를 복합어로 만들기 때문이다.

덴마크식 영어

덴마크인은 유창한 영어 실력을 가지고 있지만 미국식 영어와 영국식 영어를 구분하면서까지 영어를 구사하지는 않는다. 미국 영화를 즐겨 보기 때문에 대다수는 미국식 영어를 구사한다. 일부 덴마크 사람들은 격식 있는 영어에서 사용되는 어휘나 표현에 익숙지 않아서 부적절한 언어를 사용하는 경우도 있을 수 있다. 이는 단순히 언어에 대한 완벽한 지식이 부족하기 때문이지 상대방을 불쾌하게 하려는 의도가 아니다. 영어가 모국어가 아닌 사람이라면 누구나 할 수 있는 실수이고, 언어적 어려움일 뿐이다.

　일반적으로 덴마크인은 영어의 r 발음을 어려워한다. 덴마크어에서 r 발음은 편도선 깊숙한 곳에서부터 발성되는 후두음이기 때문이다. 정확하지 않은 전치사를 사용할 때도 있지만 의미상의 혼동을 불러일으킬 정도는 아니다. 영어 동사에서도 어려움을 겪는데, 덴마크어는 현재형 동사가 다른 형태로 활용되지 않기 때문이다. 예를 들어 영어의 be 동사를 사용할 때도 주어에 따라 다르게 활용되는 is나 are을 혼동하는 경우가 많다.

　영어 전치사도 덴마크어의 의미에서 직역해서 사용하는 경우가 많다. 예를 들어 'be good at' 대신 'be good to'를, 'north of' 대신 'north for'를, 'to work at an office' 대신 'to work on an office'를, 'written in English' 대신 'written on English'를, 'look at' 대신 'look on'을, 'look for' 대신 'look after'를, 그리고 'look after' 대신 'look of'를 사용한다.

대화

토론에 대한 덴마크인의 사랑은 금방 알아차릴 수 있다. 그들은 카페테라스에 앉아 다양한 주제에 대해 토론하는 것을 가장 좋아한다. 대부분의 덴마크인은 어떤 주제에 대해서도 토론할 준비가 되어 있고, 그 주제에 대한 자신의 확고한 의견을 가지고 있다.

일반적으로 의견이 잘못되었다는 확실한 증거를 제시하지 않는 이상 그들이 이미 가지고 있는 의견에 반대되는 설득을 하기란 쉽지 않다. 또한 자신을 표현하는 데 있어 매우 솔직한 모습을 발견하게 될 텐데, 이는 그들의 의사소통 방식일 뿐이다. 덴마크 사람은 만약 상대가 자신의 의견에 반대한다면 그에 대한 생각을 거리낌 없이 나누기를 기대한다. 이때 기억해야 할 점은 이는 토론이지 언쟁이 아니며, 따라서 기분이 나쁠 필요도 없다는 것이다. 일반적으로 덴마크인은 문제에 대해서 토론하지 사람에 대해 하지는 않는다. 따라서 덴마크인의 의견을 묻는다면 그들은 더도 말고 덜도 말고 그에 대한 생각만을 답할 것이다. 덴마크인은 상대의 의견을 듣고 싶지 않다면 애초에 물어보지 않으면 된다는 사고방식을 가지고 있다. 예를 들어 덴마크 남성은 그의 배우자가 "나 이거 입으면 뚱뚱해보여?"라는 질문을 하는 것을 귀찮아하지 않고 솔직하게 그에 대한 대답만 한다.

의사소통 스타일

직설적이고 솔직한 의사소통 방식을 가지고 있는 덴마크인은 이야기할 때 과장하지도 축소하지도 않는다. 이러한 화법이 때로는 무례하게 들릴 수도 있다. 하지만 대부분 관련 사실과 함께 자신의 의견에 대한 추가설명을 하기 때문에 상대방도 그렇게 하기를 기대한다. 덴마크 사람들은 사실이 뒷받침되지 않은 의견을 제시하기를 꺼려한다. 피상적인 의견 교환은 덴마크인의 의사소통 스타일이 아니기 때문에 수박 겉핥기식 대화는 피하는 것이 좋다.

대화 스타일을 보면 지역적으로 미묘한 차이가 있다. 지방 사람들, 특히 유틀란트의 경우 도시 지역 사람들에 비해 말하는 속도가 느리고 속마음을 잘 드러내지 않는다. 또한 처음부터 친해지기 어려운 부분이 있다.

대화할 때 처음부터 너무 꼬치꼬치 캐묻지 않는 편이 바람직하다. 초반 대화를 덴마크인이 주도하게 두면 금방 감을 얻을 수 있을 것이다. 덴마크 사람들은 당신이 그들에 대해 알고 싶은 것처럼 당신이 어느 나라 출신인지와 당신의 나라에 대해 무척 궁금해할 것이다. 또한 대화 중간에 끊기는 흐름이나 침묵에 신경 쓰지 않기 때문에 대화와 관련 있는 내용이 아닌 이상 굳이 공백을 채우려고 불필요한 말을 계속할 필요는 없다.

특히 처음으로 만나는 모임에서 쉽게 발견할 수 있는 덴마크인의 또 다른 대화 습관은 외국인에게는 영어로 먼저 말을 건다는 점이다. 이후 예의상 약간의 간격을 두고 다른 사람과 덴마크어로 대화를 나눈다. 영어로 오랫동안 대화하는 것은 덴마크인에게 어렵기도 하고 부담을 줄 수 있는 일이다. 상대방에 대한 개인적인 감정이 있어서 대화를 중단하는 것은 아니기 때문에 그렇게 받아들일 필요도 없다.

보디랭귀지

덴마크인은 보디랭귀지 사용을 절제하는데, 보디랭귀지 표현력에 있어서는 영국인과 스웨덴인의 중간 정도라고 할 수 있다. 덴마크 사람들은 발화되는 말에 집중하려는 경향이 있고, 보디랭귀지를 더하는 설명은 좋은 의사소통에 방해가 된다고 생각한다. 하지만 상대방과 대화할 때 눈을 계속 맞추고 대화

하는 보디랭귀지를 사용하기는 한다. 이러한 행동이 처음에는
부담스러울 수 있지만 단지 상대방의 이야기를 경청하고 있고,
그 이야기가 흥미롭다는 표시일 뿐이다. 앵글로색슨 계통 민
족에게는 덴마크에서 사용되는 손동작이 대부분 영국, 미국과
비슷한 의미를 가지고 있어서 어렵지는 않을 것이다. 이는 미
국 영화의 영향 때문이기도 하다.

언론

덴마크의 공영방송 DR은 DR1, DR2 이렇게 2개의 TV 방
송국을 운영하고 있다. 민간 방송국인 TV2, TV2 Zulu, TV
Charlie, TV3, TV3+, TV4 등도 있다. 이러한 방송 채널은
MTV, BBC World, Prime, CNN 등과 같은 케이블 채널에 추
가요금을 내면 시청이 가능하다. 영어로 제작된 프로그램은
덴마크어 자막과 함께 방송된다. 덴마크는 TV 프로그램이나
영화를 더빙하는 대신 자막을 삽입한다. 어린이용 영화나 만
화는 예외적으로 더빙을 한다.

  대부분의 아파트 단지에는 케이블 TV가 설치되어 있고, 이

용료도 아파트 렌트 비용에 포함되어 있다. 앵글로색슨계 국가에 비해 덴마크의 TV 프로그램은 보다 진보적이다. 다양한 라디오 방송국도 있고 DR1에서는 매일 아침 8시에 영어 뉴스 단신을 방송하기도 한다.

덴마크의 인터뷰 방식은 미국이나 영국에 비해 대립적이지 않다. 인터뷰 진행자들은 객관적인 시각을 보여주기 위해 노력하고, 인터뷰 대상이 질문에 완전히 대답할 수 있는 환경을 조성하고자 최선을 다한다. 최근 덴마크 사람들은 자국의 외교부 장관이 출연한 영국 방송 프로그램에서 인터뷰 진행자가 덴마크의 엄격한 이민법에 대해 공격적으로 질문한 데 충격을 받기도 했다. 덴마크인들은 영국의 진행자가 너무 감정적으로

인터뷰를 진행했고, 장관이 질문에 제대로 대답할 수 있는 기회를 주지 않았다고 느꼈다.

【 신문 및 잡지 】

현재 시점을 기준으로 덴마크에는 48종 이상의 신문사가 있다. 이중 〈메트로 익스프레스〉의 판매 부수가 가장 높고 그 뒤를 〈폴리티겐〉이 쫓고 있다. 무료 신문이나 라이프스타일 잡지, 전문지도 풍부하다. 이처럼 신문 및 잡지가 다양한 이유는 덴마크 사람들이 시사나 정세에 관심이 많고, 이에 대해 제대로 알고 싶어 하기 때문이다. 그들은 신문이 이러한 정보와 사실을 가능하다면 관련 자료와 함께 정확하게 전달하기를 기대한다. 보다 선정주의적인 신문사로는 타블로이드 신문인 〈BT〉와 〈엑스트라 블라뎃〉이 가장 대중적이다.

덴마크의 대도시에서는 다양한 영문지도 찾아볼 수 있고, 〈뉴욕 타임스〉 국제판, 〈USA 투데이〉, 〈월스트리트 저널〉, 〈파이낸셜 타임스〉, 〈타임스〉, 〈가디언〉 등이 발행되고 있다. 시사 잡지인 〈타임〉, 〈이코노미스트〉, 〈뉴스위크〉도 찾아볼 수 있고 기차역의 가판대에서 이러한 신문 및 잡지를 구매할 수 있다.

기술과 서비스

덴마크인은 새로운 기술과 서비스에 관심이 많으며, 광대역 인터넷을 사용하지 않는 가정이 극히 드물다. 스마트폰 사용도 이제는 일상화되었다. 약속을 취소하거나 늦는다고 알릴 때는 메시지를 보내도 되지만 이보다는 직접 전화로 연락하는 것을 추천한다.

업무 차원에서 대부분의 의사소통은 이메일로 이루어진다. 덴마크인은 신속하고 편한 이메일을 선호하고 영어를 사용해 이메일을 주고받는 것에도 거부감이 없다.

【 전화 】

덴마크의 국가번호는 45이고, 지역번호가 없기 때문에 8자리의 전화번호 앞에 국가번호 45만 누르면 된다. 휴대전화에도 따로 지역번호가 없다.

휴대전화 시장이 성장하면서 공중전화의 필요성이 사라져 이제는 공중전화를 찾아보기 힘들다. 본인의 휴대전화를 가지고 여행하는 경우라면 유럽의 GSM 시스템과 호환되는지 확인해야 한다. 덴마크인은 보통 "Det er jon"이라고 말하면서 전

알아두면 유용한 전화번호	
긴급 구조	112
전화번호 안내	118
국제 전화번호 안내	113
모든 전화교환원 영어 가능	

화를 받는데 이는 "존입니다."라는 뜻으로, 덴마크 사람들의
전화받는 방식이다.

【 우편 】

덴마크 사람들은 유럽에서 가장 효율적인 우편시스템을 보유
하고 있다는 자부심이 있다. 국내 우편의 경우 보통 다음 날
이면 도착한다. 우체국에서 은행업무도 가능하며 콘서트, 연극
등의 티켓도 예매할 수 있다. 영업시간은 주중에는 오전 10시
부터 오후 6시까지, 토요일은 오전 10시부터 오후 1시까지다.
우체통은 빨간색이다.

결론

덴마크는 인간적이고 아름다운 나라다. 스웨덴의 장엄한 풍경

이나 파리, 로마의 화려함은 부족할지 몰라도 포용적이고 친근한 나라라고 할 수 있다. 덴마크 국민과 마찬가지로 덴마크라는 나라 자체를 진정으로 이해하고 감상하는 데 어느 정도 시간을 쏟아야 한다. 천문학자 티코 브라헤부터 운송회사 머스크에 이르기까지 덴마크인들은 문화·과학·상업·정치 영역에서 중요한 기여를 해왔다. 현재까지도 제3세계 원조나 구소련권 국가들의 EU 가입을 이끌어낸 코펜하겐 합의를 통해 선한 영향력을 행사하고 있으며, 국제 정세에 목소리를 내고 있다. 큰 목소리는 아닐지 몰라도 국제사회는 덴마크의 목소리에 귀를 기울이고 있다. 덴마크와 덴마크 사람들을 알아가려는 노력은 분명 가치가 있다.

이를 통해 덴마크 사람들도 차갑고 말수가 적은 스칸디나
비아인과 비슷하다는 고정관념에서 벗어나 새로운 덴마크인의
모습을 알게 될 것이다. 그들의 정직함과 솔직함을 신선하게
느끼고, 그들의 의도를 잘못 받아들일 일도 없을 것이다. 심지
어 새로운 시각을 가지고 친근한 덴마크인을 바라보며 유익한
경험을 얻을 수도 있다. 단순히 다른 나라가 아니라 다른 문화
와 다른 세상을 긍정적으로 바라보기 위해 떠나는 여정에서
이 책이 기분 좋은 첫걸음이 되기를 소망한다.

참고문헌

Anderson, Barbara Gallatin. *First Fieldwork: The Misadventures of an Anthropologist*. Illinois Waveland Press, 1989.

Bonetto, Cristian. *Lonely Planet Pocket Copenhagen*. Dublin: Lonely Planet Global Limited, 2018.

Høeg, Peter, and Barbera Haveland (translator). *Tales of the Night*. London: The Harvill Press, 1997.

Jacobsen, Helge Seidelin. *An Outline History of Denmark*. Copenhagen: Høst & Sons Forlag, 1986.

Jespersen, Knud. J. V. *A History of Denmark*. London: Palgrave Macmillan, 2004.

Lampe, David. *Hitler's Savage Canary: A History of Danish Resistance in World War Two*. Barnsley: Frontline Books, 2010.

Ronberg, Gert (ed.). *Eyewitness Travel Phrase Book: Danish*. New York: Dorling Kindersley Publishing, 1999.

Russell, Helen. *The Year of Living Danishly: Uncovering the Secrets of the World's Happiest Country*. London: Icon Books, 2015.

Sommar, Ingrid. *Scandinavian Style*. London: Carlton Books, 2003.

Wiking, Meik. *The Little Book of Hygge: The Danish Way to Live Well*. London: Penguin Life, 2016.

지은이

마크 살몬

마크 살몬은 아일랜드에서 성장했으며, 10년 동안 그곳에서 변호사로 일했다. 아일랜드 국립대학교에서 영문학 석사학위를 받은 뒤, 1999년 덴마크로 이민을 가서 15년 동안 영어와 영국 법을 가르쳤다. 현재는 코펜하겐의 세계적인 대형 선박회사에서 변호사로 활동하고 있으며 덴마크, 유럽, 미국, 아프리카를 여행하고 있다.

옮긴이

허보미

홍익대학교 예술학과 졸업 후 서울대학교 대학원 미술경영학과를 수료했으며, 한국외대 통번역대학원에 재학 중이다. 현재 번역에이전시 엔터스코리아에서 출판기획 및 전문번역가로 활동하고 있다. 옮긴 책으로는『핸드 스케치-프로젝트로 배우는 제품 디자인을 위한 드로잉 기법』이 있다.

세계 문화 여행 시리즈

세계 문화 여행_일본
폴 노버리 지음 | 윤영 옮김 | 216쪽

세계 문화 여행_중국
케이시 플라워 지음 | 임소연 옮김 | 240쪽

세계 문화 여행_터키
샬럿 맥퍼슨 지음 | 박수철 옮김 | 240쪽

세계 문화 여행_포르투갈
샌디 구에데스 드 케이로스 지음
이정아 옮김 | 212쪽

세계 문화 여행_몽골
앨런 샌더스 지음 | 김수진 옮김 | 268쪽

세계 문화 여행_스위스
켄들 헌터 지음 | 박수철 옮김 | 224쪽

세계 문화 여행_베트남
제프리 머레이 지음 | 정용숙 옮김 | 224쪽

세계 문화 여행_이탈리아
배리 토말린 지음 | 임소연 옮김 | 246쪽

세계 문화 여행_스페인
메리언 미니·벨렌 아과도 비게로 지음
김수진 옮김 | 252쪽

세계 문화 여행_홍콩
클레어 비커스·비키 챈 지음
윤영 옮김 | 232쪽

세계 문화 여행_쿠바
맨디 맥도날드·러셀 매딕스 지음
임소연 옮김 | 254쪽

세계 문화 여행_그리스
콘스타인 부르하이어 지음
임소연 옮김 | 248쪽

세계 문화 여행_뉴질랜드
수 버틀러·릴야나 오르톨야-베어드 지음
박수철 옮김 | 224쪽

세계 문화 여행_이스라엘
제프리 게리·메리언 르보 지음
이정아 옮김 | 224쪽

세계 문화 여행_멕시코
러셀 매딕스 지음 | 이정아 옮김 | 262쪽

세계 문화 여행_오스트리아
피터 기에러 지음
임소연 옮김 | 232쪽

세계 문화 여행_헝가리
브라이언 맥린·케스터 에디 지음
박수철 옮김 | 256쪽

세계 문화 여행_노르웨이
린다 마치·마고 메이어 지음
이윤정 옮김 | 228쪽